COLLECTION
SOLTYKOFF

V Pièce
12023

Pièce
4° V
12023

LA COLLECTION SOLTYKOFF

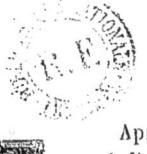

Après la collection Fould, c'est la collection Soltykoff qui disparaît, puis ce sera le tour d'une autre, et d'une autre encore! Après celles qui sont déjà formées viendront celles qui se forment des débris arrachés aux cabinets que l'on disperse. Mais dans cette rotation incessante certaines œuvres disparaîtront à tout jamais, immobilisées dans les dépôts publics. Un jour viendra donc où, les sources étant taries, soit par épuisement, soit parce qu'on y conservera ce qu'elles abandonnaient naguère avec une si déplorable insouciance, un jour viendra où, les musées retenant tout ce qu'ils auront accaparé, les pièces extraordinaires deviendront introuvables. Nous pensons donc qu'une collection de la nature et de l'importance de celle qu'avait réunie le prince Soltykoff ne se reverra pas de longtemps, et que les amateurs doivent être combattus entre deux sentiments contraires : l'espoir de voir enrichir les ventes futures des épaves qui se dispersent aujourd'hui, et le regret de voir détruire les séries si complètes et si intéressantes que l'on avait formées à grands frais. Pour nous, l'espoir nous touche peu, et c'est le regret qui nous envahit tout entier; regret double : d'abord nous avions beaucoup étudié et beaucoup appris dans la collection dont le prince Soltykoff ouvrait si généreusement les portes et communiquait si libéralement les richesses à tous les archéologues, que chacun la regardait un peu comme la sienne; puis nous avions espéré un instant que, de facilement accessible qu'elle était, elle deviendrait entièrement publique en entrant dans les Musées du Louvre et de l'hôtel de Cluny, qui se la seraient partagée.

Nous avions malheureusement pris, nous et beaucoup d'autres, nos désirs pour un espoir, et si le Musée du Louvre a été assez heureux pour acquérir avec une sage prodigalité les deux ivoires les plus remarquables que l'on ait encore vus, il ne paraît pas jusqu'ici que le Musée de l'hôtel de Cluny puisse faire autre chose que d'insignifiantes acquisitions. M. E. Du Sommerard, son conservateur, assiste à toutes les adjudications avec un courage que nous admirons, prêt à profiter de leur moindre défaillance; mais la lutte est vive, et les enchères volent au-dessus de sa tête sans qu'il puisse y atteindre. Les directions des Musées anglais de South-Kensington et du British-Museum, armées de crédits dignes d'une grande nation, enlèvent les pièces opimes, tandis que le conservateur de notre Musée des arts industriels assiste désarmé à une lutte où il ne peut combattre.

Ce n'est point cependant pour le pur amour de l'art et de l'archéologie que le gouvernement anglais dote si généreusement aujourd'hui les collections qu'il entreprend de former. Il a compris que le sort de l'industrie est lié à celui des beaux-arts, et que si les produits anglais sont inférieurs par le goût aux produits français, c'est apparemment parce que moins d'exemples des arts du passé ont été donnés à ceux qui les créent ou qui les fabriquent. Cette pensée a fait fonder le Musée et l'École d'art industriel de South-Kensington : école qui, avec le sens pratique de la race anglo-saxonne, est bientôt devenue un modèle ; musée qui, dans sa spécialité, sera bientôt le premier de l'Europe.

Devons-nous, vains ou fiers des résultats acquis, nous endormir dans une trompeuse quiétude et négliger de cultiver encore davantage cette somme de goût que nous croyons avoir? Nous ne le pensons point.

Nos arts industriels sortent à peine d'une période que nous ne craignons point de qualifier de barbare, en ce sens que les notions du vrai y étaient perverties. La nature de la matière, la fonction des choses, la nécessité des formes, la convenance des ornements, tout était méconnu, et ce ne sera pas assez de la critique pour donner des notions plus saines sur les conditions de l'art appliqué à l'industrie, si l'exemple de ce qu'ont fait de bien l'antiquité, le moyen âge et la Renaissance ne vient s'imposer aux yeux.

Or, la collection Soltykoff possédait, des différentes périodes du moyen âge et de la Renaissance, des œuvres magnifiques qui, à cause de leur mérite même, auraient mieux montré à quelles conditions elles possèdent cette beauté que l'on admire en elles.

A côté de cette question d'utilité et d'industrie, il y a les questions d'archéologie et d'histoire qui ont bien aussi leur prix. Ainsi, le prince Soltykoff possédait des séries uniques par le nombre, par la beauté et par la variété des exemplaires. Telle était celle des crosses, celle des custodes, celle des tableaux reliquaires, celle des émaux cloisonnés français et surtout allemands, et celle des ivoires.

De plus, si le Musée du Louvre est plus riche en émaux peints et en faïences de Bernard Palissy; si le Musée de l'hôtel de Cluny est supérieur par la quantité, par la variété et même par le choix des majoliques, n'est-il pas dans ces collections des lacunes qu'il est nécessaire de combler, et qu'eussent remplies les pièces qui se trouvent là réunies?

Lorsque les quelques Palissy qui manquent à la belle série du Louvre seraient venus s'y placer; lorsque les émaux peints par Jean Pénicaud l'ancien, par Nardon Pénicaud, par Martin Didier, auraient été joints aux magnifiques Léonard Limousin que possède le Musée; lorsque quelques majoliques choisies avec discernement auraient pris rang dans l'armoire où cet art est si incomplétement représenté; — si la série presque entière des ivoires, donnant un développement rapide au musée chrétien que l'on forme, avait apporté des exemplaires précieux de la sculpture du moyen âge, croit-on que l'intérêt du Musée ne s'en fût pas merveilleusement accru? D'un autre côté, le Musée de l'hôtel de Cluny, déjà si riche, fût devenu d'un coup et à tout jamais le premier du monde. Et n'est-ce rien que cette splendeur des Musées pour la gloire d'un pays?

Lorsqu'une nation fait pour les beaux-arts ce que les utilitaires appellent des folies, elle place à gros intérêts. N'en avons-nous point la preuve dans le Musée de Dresde? Il fut formé en dépit de la misère d'un peuple que ruinait un prince dont le règne fut une véritable calamité pour la Saxe. Cependant les collections réunies par l'électeur Auguste III au détriment des richesses immédiates de son peuple sont aujourd'hui l'honneur du pays et la fortune de Dresde. Qui irait aujourd'hui dans cette ville sans monuments, si elle ne possédait pas son magnifique Musée?

Certes, nous sommes loin d'en être là, car Paris possède assez de causes d'attraction; mais qui pourrait dire que les Musées ne doivent point être comptés parmi les premières? Celles-là sont avouables, élèvent l'esprit en lui offrant la contemplation du beau, et elles nous touchent encore par ce besoin que nous avons tous de nous rattacher à quelque chose qui ne soit point dû à l'heure présente, toujours si précaire. Les Musées représentent le passé et la tradition, et ils sont presque les seuls à les représenter, aujourd'hui qu'on fait passer les rues sur les monuments et qu'on gratte au vif ceux que l'alignement respecte. Sans eux, Paris ne serait peut-être un jour qu'une grande auberge où l'on vivrait assez mal en dépensant beaucoup.

Il faut donc veiller sans cesse et toujours à ce qu'ils s'enrichissent, et nous n'avons jusqu'ici rencontré personne qui n'ait souhaité que la collection Soltykoff y entrât tout entière, et qui n'ait regretté que, vu son grand prix, qui rendait l'acquisition difficile, on n'ait pas du moins pris ses mesures pour en garder la majeure partie.

Puisque la chose est aujourd'hui sans remède, essayons de faire apprécier l'importance des richesses que nous avons perdues.

Des armes orientales et des divinités indoues, rapportées de ses voyages par le prince Alexis Soltykoff, furent le premier fonds de la collection. Puis le prince y joignit des armes occidentales, et enfin des curiosités du moyen âge, éclairant son goût, naturellement délicat, avec les conseils de M. Dugué, qui possédait lui-même un cabinet très-important. Aussi les deux collectionneurs, le prince et son conseiller, après avoir vécu en bonne intelligence pendant quelques années, se séparèrent-ils un jour pour avoir désiré tous les deux le même objet : un grand gobelet et une aiguière en argent du xve siècle (n°s 874 et 875). C'est alors que M. Carrand, amateur lui-même et possesseur de pièces fort importantes, fut appelé à aider le prince de son expérience si sûre, et à le seconder dans une entreprise hardie, l'acquisition de la collection Debruge-Dumesnil, pendant les journées les plus inquiètes de la République. L'entreprise réussit au delà des espérances les plus hasardées, et, grâce à l'annexion qui en fut la suite, la collection du prince Soltykoff acquit une importance qui la transforma en un vrai musée. Pendant longtemps celle-ci fut emmagasinée dans les appartements d'un hôtel de la rue de Bretonvilliers, à l'extrémité de l'île Saint-Louis, appartements qui n'étaient ouverts que le jeudi. C'est là que le prince a dû passer ses meilleures journées, méditant quel arrangement il donnerait à toutes ces richesses dans l'hôtel gothique que Lassus lui bâtissait alors avenue Montaigne, et jouissant avec plénitude de tant de choses qui n'étaient point encore devenues banales à force d'être vues. L'hôtel achevé, le prince s'en dégoûta et le vendit. Il en fit construire un autre, où il installa enfin sa collection; puis, lorsque tout fut en place, il vendit l'hôtel et la collection, tout prêt, peut-être, à se rebâtir un troisième hôtel et à recommencer une seconde collection.

Bien qu'il soit impossible d'adopter une classification d'une rigueur absolue parmi tant d'objets qui empruntent leurs éléments à tous les arts, nous pensons pouvoir établir les quelques divisions suivantes dans l'étude que nous entreprenons. Les deux époques du moyen âge et de la Renaissance nous fourniront d'abord des divisions tranchées. Les émaux peints, les majoliques, les faïences françaises, la verrerie seront d'un côté avec l'horlogerie et la damasquinerie; de l'autre seront les émaux champ-levés, l'orfévrerie, ou plutôt le mobilier ecclésiastique et les ivoires. Mais laissant à l'orfévrerie tous les ivoires qui ont une destination mobilière spéciale, nous pourrons, par contre, en distraire les produits de la fonte de bronze, de sorte que des ivoires et de la fonte nous formerons deux divisions naturelles, que nous pouvons examiner tout d'abord [1].

LES IVOIRES

Les ivoires présentent, sous des proportions exiguës, avec une matière presque inaltérable et susceptible d'être taillée avec une finesse inimaginable, une sorte de diminutif de la grande sculpture monumentale. Aussi est-il loisible d'étudier l'une à l'aide de l'autre, et de faire cette étude avec d'autant plus de fruit que les exemplaires, essentiellement mobiles, peuvent être rapprochés, soit en original, soit à l'aide de moulages. Un musée des nombreux moulages déjà pris dans toutes les collections publiques et particulières de l'Europe serait d'un intérêt que nous indiquons sans vouloir insister en ce moment, mais que nous souhaitons vivement de voir établir un jour dans une des salles de l'hôtel de Cluny.

En attendant, l'histoire de la statuaire pouvait être suivie dans ses phases diverses, depuis le vi^e siècle jusqu'au xvie, pendant dix siècles, à l'aide des nombreux exemplaires réunis par le prince Soltykoff.

Les pièces les plus anciennes sont deux feuillets de diptyques consulaires (n° 384), publiés dans le *Thesaurus veterum diptycorum* de Gori. Sur chacune de ces plaques oblongues le consul est assis, couvert de ces vêtements byzantins que les orfrois, les broderies et les pierreries avaient rendus inflexibles. Il tient en main le mouchoir plié (*mappa circensis*) qu'il lançait dans le cirque pour donner le signal des jeux ; au-dessous, des bustes circonscrits dans des couronnes (*clypeatæ figuræ*) montrent les images de l'empereur et de l'impératrice. Ce sont Justinien Ier et Théodora, car le *Rufus Gennadius Probus Orestis, vir clarus et illustris consul ordinarius*, qui fit sculpter ces deux feuilles d'ivoire et qui dut les envoyer, selon l'usage, à quelque ami, était consul en 530. Au-dessous des images consulaires, de petits hommes, ministres des largesses que les consuls faisaient à la foule lors de leur avénement, vident de grands vases pleins d'argent.

Dans ces bas-reliefs, l'art antique est bien dégénéré, et il s'est immobilisé dans des types sans vie, que devaient produire des artisans et non de vrais artistes. Travaillant d'après un type consacré, soumis à la même

---

1. L'empereur ayant acquis les armes occidentales pour le château de Pierrefonds, que l'on restaure; l'empereur de Russie s'étant rendu propriétaire des armes orientales, nous n'avons point à nous occuper ici de ces deux divisions importantes.

formule, conséquents avec la tradition grecque, ces tailleurs d'ivoire s'attachent aux mêmes types; seulement ils ne les améliorent point comme faisaient leurs devanciers. Plus respectueux encore envers la tradition, leurs successeurs finissent par répéter pendant des siècles la même œuvre avec le même style.

Une plaque d'ivoire du xi° siècle, sculptée d'un côté (n° 14), présente cette particularité d'être le revers d'un autre bas-relief antérieur, raboté et plané en partie, et qui devait être d'une barbarie assez grande pour qu'on puisse l'attribuer au vii° ou au viii° siècle.

Quant à l'art byzantin dans toute sa pureté et dans toute sa grandeur, il est représenté par un petit feuillet représentant l'Ascension (n° 12). Le Christ bénissant est assis sur le globe du monde, porté par deux anges, tandis que deux autres anges, descendant vers la terre, interpellent les Galiléens rangés sur une éminence et s'étonnant à ce spectacle. Si le groupe terrestre des apôtres manque essentiellement de variété dans ses attitudes, le groupe céleste, en revanche, est d'une grandeur et d'une noblesse indicibles, tant la ligne y est simple et large, tant le geste y est sobre et juste, tant il y a de sévérité dans les draperies. Sur cette donnée, si nous avions une église à faire décorer, nous voudrions que M. H. Flandrin nous peignît une de ces compositions où il a su allier, dans de si justes mesures, la science moderne et la grandeur un peu sauvage de ces époques primitives.

Cette scène, taillée dans l'ivoire au x° siècle, semble être le prototype sur lequel le miracle de l'Ascension a été décrit dans ce *Guide de la peinture* que M. Didron a retrouvé, servant encore aux moines du mont Athos à composer les peintures dont ils décorent leurs églises. De plus, l'inscription est la même, et c'est par les mêmes paroles que les anges interpellent les apôtres, en leur disant : « Hommes de Galilée, pourquoi restez-vous en extase les yeux au ciel? »

Une grande composition formée de plusieurs plaques d'ivoire (n° 9), attribuée au x° ou au xi° siècle, nous semble encore appartenir à l'art byzantin, mais modifié par une influence allemande. Elle représente la Vierge tenant, assis devant elle sur ses genoux, le Christ qui bénit à la latine, entre les figures d'Isaïe et de Melchisédech, placées sous des arcatures latérales. Au-dessus, deux anges volant horizontalement soutiennent un disque chargé de la figure du Christ imberbe, comme dans les premiers monuments chrétiens. Au-dessous des pieds de la Vierge, un bas-relief représente la Nativité. Dans les figures d'assez grande proportion qui sont ciselées sur cet ensemble, les plis sont encore roides et serrés, les têtes sont grosses avec des fronts développés, et une certaine

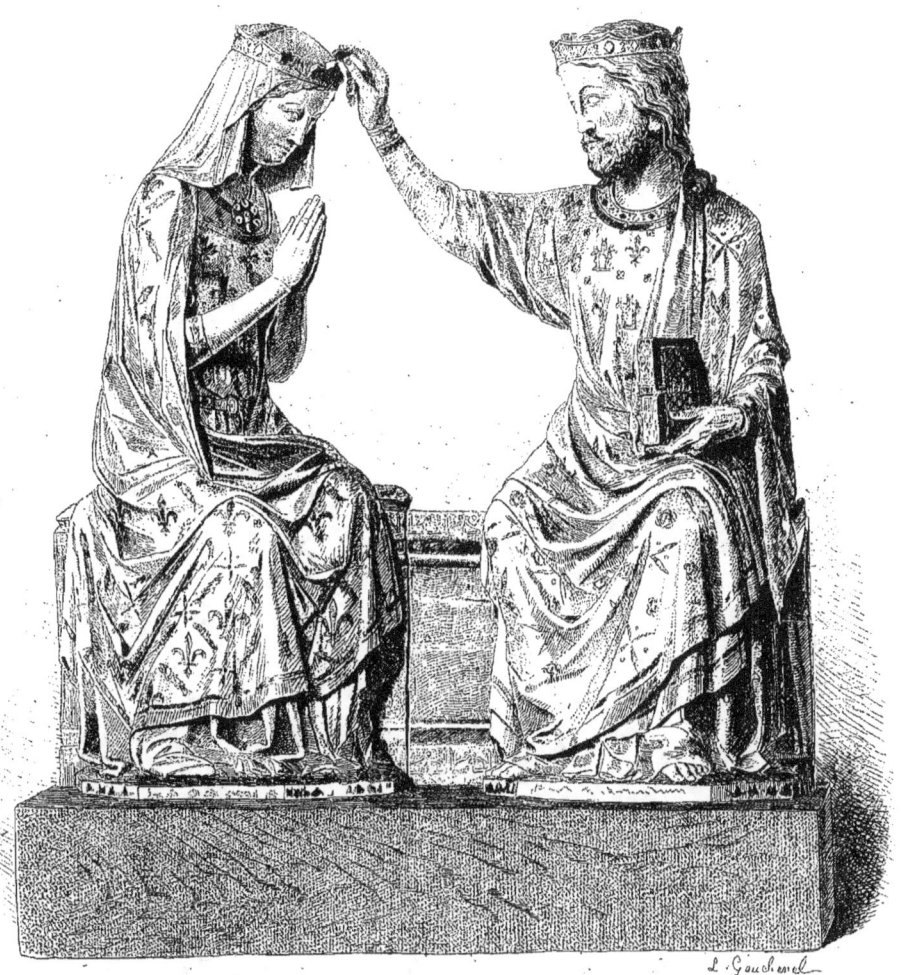

LE COURONNEMENT DE LA VIERGE.
(COLLECTION SOLTYKOFF)

recherche du type juif se remarque sur le visage des deux prophètes.

Une œuvre étrange, unique sans doute (n° 17), peut être revendiquée par l'art allemand du xi° siècle ; c'est une plaque en os de cachalot, plus haute que large et se réunissant au sommet, où l'Adoration des mages est figurée. Les figures sont grandes, émaciées, sauvages d'aspect, mais dues cependant à une main très-habile et se plaisant aux minuties des plis, des orfrois et des ornements. Si cette plaque n'est point l'œuvre d'un habile faussaire, elle est contemporaine des statues de Bamberg et appartient au même art. Des deux côtés, c'est la même rudesse des traits unie à la même recherche des plis serrés et des draperies anguleuses se soulevant sans motif à leur extrémité pour retomber en courbes arrondies. Seulement, l'expression si puissante et si naturelle à Bamberg est absente du bas-relief qui nous occupe.

Par un certain nombre de feuillets de diptyques, unis par paires ou dépareillés, et de plaques destinées à garnir des coffrets, nous arrivons insensiblement, en traversant le xii° siècle, latin par le sytle et par la tradition, au xiii° siècle, qui nous offre les deux chefs-d'œuvre acquis heureusement pour le Musée du Louvre.

L'un (n° 224 bis) est le groupe que M. Gaucherel a gravé à l'eau-forte pour accompagner ces lignes. Il représente *le Christ couronnant la Vierge*, et il est non-seulement remarquable par le grand style et la perfection des deux figures d'assez grande proportion qui le composent, mais encore par les ornements dorés dont les traces sont encore très-visibles sur les vêtements, et par la coloration de chair qui recouvre les visages et les extrémités. Ainsi cette œuvre parfaite, dont tous les détails sont exprimés avec un ciseau si savant et si précis, que toutes les articulations de la main du Christ y sont étudiées comme dans une figure de grandeur naturelle, est un exemple très-complet de la sculpture polychrome du moyen âge[1].

Une particularité singulière se remarque dans les ornements dorés dont sont recouverts les manteaux de la Vierge et du Christ. Le manteau du Christ porte des fleurs de lis et des castilles ; celui de la Vierge est également semé de fleurs de lis, mais comprises dans des carrés dont des poissons forment les côtés. Ces poissons, appelés *bards* en style héraldique, sont les pièces des armes de la famille de Lorraine. Or, Philippe le Hardi épousa en 1274 Marie, fille du duc de Lorraine et de Brabant. Ce Christ

---

[1]. Les mains de la Vierge sont une restauration moderne due à M. Geoffroy-Dechaulme, qui exécute et dirige avec tant de talent et une soumission archéologique si louable la restitution de la statuaire à Notre-Dame de Paris.

au manteau semé de France et de Castille, qui pose la couronne sur la tête de cette Marie vêtue de France et de Lorraine, n'est-ce pas une allusion, bien osée il est vrai, à ce mariage de Philippe le Hardi? Ce beau groupe n'a-t-il point appartenu au successeur de saint Louis? Nous ne voyons aucune impossibilité à ce qu'il en soit ainsi ; la perfection de l'œuvre aide même à le supposer. Mais nous nous refusons à croire que ces deux figures représentent le roi et la reine usurpant la place et le rôle du Christ et de sa mère. Le type du Christ est trop impersonnel et trop semblable à celui que montrent tous les monuments de l'époque pour que nous ne nous refusions pas à suivre dans leurs suppositions extrêmes les rédacteurs du catalogue de la vente.

Mais, pour n'être point l'image d'un roi de France, cette pièce n'en méritait pas moins d'entrer au Louvre. Elle y représentera dans ses minimes proportions la grande école de sculpture française qui a illustré d'un monde de chefs-d'œuvre les portails des cathédrales de Reims, d'Amiens et de Paris. Mais il a fallu le payer cher, et 30,200 francs sont une somme, s'il est vrai surtout qu'en 1855 le Musée eût pu l'acquérir pour 5,000 francs sans des résistances et un *veto* venus du ministère d'État.

L'autre chef-d'œuvre est une Vierge debout, tenant l'enfant Jésus sur son bras droit, coiffée d'une couronne en filigrane d'or par-dessus le voile qui recouvre sa tête. Cette statuette, venue du cabinet Lenoir dans celui de M. Debruge-Dumesnil, n'est pas moins remarquable par la richesse des draperies, par l'harmonie de l'ensemble, que par la douceur et le charme des physionomies, et la beauté de la matière aux tons ambrés. Pour celle-ci, les enchères se sont arrêtées à 15,000 francs[1].

Une autre Vierge, protégée par un dais à coupole contre lequel s'appliquent, de manière à l'envelopper, les volets mobiles d'un polyptyque sculpté à l'intérieur, peut être comptée parmi les œuvres les plus charmantes, tant par sa composition que par son style. Elle est attribuée par M. Carrand à l'art vénitien du XIIIᵉ siècle[2]. C'est, à notre avis, faire preuve d'une grande sûreté que d'affirmer des provenances si particulières, car c'est tout au plus s'il nous est possible de distinguer les ivoires du Nord de ceux du Midi. Nous ne remarquons point, en effet, dans le style de toutes ces œuvres de la toreütique, ces différences que dénote la peinture à toutes les époques du moyen âge. Nous croirions assez volontiers que des imagiers venus du Nord, de France, d'Allemagne et d'An-

---

1. Publiée en chromolithographie dans *le Moyen âge et la Renaissance*, t. V.
2. Publiée en chromolithographie dans *le Moyen âge et la Renaissance*, t. V.

gleterre, se sont établis en Italie, et, y apportant avec eux leurs habitudes, se sont à peine laissé influencer par les traditions tout autres que les peintres suivaient autour d'eux.

La peinture est toujours plus simple que la sculpture d'ivoire, à laquelle la multiplicité des surfaces est d'ailleurs nécessaire, et dans aucun des ivoires prêtés à l'Italie nous n'avons pu retrouver cette simplicité de lignes que montrent les fresques et les miniatures. Nous en excepterons un seulement, qui était exposé à Manchester[1]. D'ailleurs la statuaire ne commence à renaître en Italie qu'avec Nicolas de Pise, après les grands travaux des cathédrales françaises, et il serait étonnant que la petite sculpture y eût devancé le grand art décoratif.

Le XIV siècle nous offrirait en foule des plaques fouillées avec une verve toujours heureuse, et représentant toujours les sujets de la vie du Christ, ou des coffrets commentant les romans alors en vogue, ou des boîtes à miroir, dons galants, sculptés de sujets plus galants encore, ou des peignes, autres gages d'amour dont on savait faire des œuvres d'art. Mais l'énumération de tous ces produits de l'ivoirerie nous entraînerait au delà des limites raisonnables. D'ailleurs, tout se perd si bien dans la confusion d'une admiration trop également partagée par des œuvres de même valeur, qu'il nous serait malaisé de débrouiller nos souvenirs.

LE BRONZE

Une pièce hors ligne attirait l'attention dans la collection Soltykoff : c'était un chandelier formé d'un inextricable enchevêtrement de tiges, de feuillages, de monstres, d'hommes et d'oiseaux. Tout, le pied, la tige, le nœud et la bobèche fouillée et percée à jour, avait été fondu d'un seul morceau et sans que le ciseleur ait eu la moindre retouche à faire subir à l'œuvre. Cette fonte, obtenue à cire perdue, était un chef-d'œuvre, de l'aveu même des hommes du métier, et c'était la difficulté du travail, de l'établissement du modèle et du moule dont il fallait s'étonner plutôt peut-être que de la pureté des formes.

Une inscription gravée sur cette œuvre, dont nous empruntons la gravure au *Manuel d'orfévrerie* de M. Didron, nous apprend qu'elle fut fondue à Glocester par un certain abbé Pierre. Une autre inscription, gravée postérieurement dans la coupe de la bobèche, constate qu'un certain Thomas de Pocé (*Thomas Pocensis*) l'a donnée à l'église du Mans. Or, le regrettable et R. P. Martin, qui a publié trois vues de ce chandelier dans ses remarquables *Mélanges d'archéologie et d'histoire*, a trouvé

---

1. Alfred Darcel, *Les Arts industriels du moyen âge et de la Renaissance*, p. 17.

dans le *Monasticon anglicanum* qu'un abbé Pierre gouverna et rétablit l'abbaye de Glocester, de l'année 1104 à 1112. Quant au Thomas de Pocé de la seconde inscription, le R. P. Martin pense que c'était un seigneur angevin, comme ceux qu'il trouve avoir été les bienfaiteurs de Glocester au XIIe siècle.

Pour n'avoir point appartenu à Thomas Becket, comme le voulait le catalogue, cette œuvre, précieuse pour la technologie, était doublement précieuse pour l'Angleterre, qui l'a payée 15,000 francs, croyons-nous, pour le Musée de South-Kensington. On l'avait offerte jadis pour 1,500 francs à la commission des monuments historiques, pour le Musée de l'hôtel de Cluny. Sur le rapport du baron Taylor, l'offre fut repoussée!

A côté de cette œuvre remarquable des fondeurs anglais du commencement du XIIe siècle, nous citons une croix allemande un peu postérieure, dont M. Didron nous a également donné la gravure. Elle possède la particularité rare d'être portée sur un pied fort élégant malgré sa sauvagerie. Ces Allemands d'alors étaient, comme on le sait, de grands *dinandiers*, habiles à tailler le cuivre, comme le prouvent tant d'œuvres heureusement conservées en Allemagne jusqu'à nos jours.

La collection possédait encore une descente de croix surmontant une boîte reliquaire, plus sauvage qu'on ne peut l'imaginer, bien conçue cependant dans son ensemble, et quelques petits chandeliers, fontes à cire perdue, qui, obtenus sur des modèles plus ou moins fins, témoignent toujours d'une grande habileté de la part du fondeur, et d'une inépuisable fécondité d'imagination chez ceux qui les ont modelés.

ALFRED DARCEL.

(*La fin au prochain numéro.*)

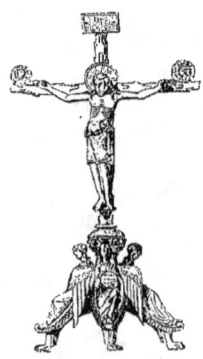

ronde bosse et de bas-relief en fer forgé et ciselé, également damasquiné d'or et d'argent. 19,900 fr.

Grand diptyque consulaire en ivoire sculpté. 10,550 francs.

Aiguière à peinture en grisaille rehaussée d'or, sur fond noir, représentant Didon recevant Énée à sa table ; le reste du vase est décoré de grotesques. 16,200 fr.

Bassin circulaire qui est le complément du vase ci-dessus. Il représente, au fond, les noces de Psyché d'après Raphaël ; le bord est décoré de petits amours tenant des masques et des médaillons. (Catalogue Debruge, n° 699.) Haut. de l'aiguière, 29 cent. ; diamètre du plat, 42 cent. 21,000 fr.

Bassin ovale, en même émail, accompagnant l'aiguière ci-dessus ; le bord est orné de grotesques. Diam. 50 cent. sur 39. 14,500 fr.

Grand bassin rond, avec ombilic au centre, peint en émail, grisaille teintée. Le tour de l'ombilic représente Adam et Ève, et l'ombilic un buste d'homme, tandis que le revers offre un portrait de femme ; ces bustes sont en couleur. Le bord est richement orné de grotesques. (Catalogue Debruge, n° 709 ; ouvrage de P. Rexmond, de Limoges, XVIe siècle.) Diam. 47 cent. 15,600 fr.

Coupe peinte en grisaille. Le couvercle porte une riche composition de figures dont le sujet est le Triomphe de Diane. L'intérieur de la coupe et le pied sont décorés des mêmes sujets et ornements que celle du n° 488 (Énée et Didon). Elle est signée de P. Rexmond, avec la date de 1552. Haut. 25 cent., diam. 10 cent. 18,000 fr.

Plat rond à ombilic, moulage de celui en étain de F. Briot. Le revers, qui est granité de diverses couleurs, présente, sous l'ombilic, la lettre F, gravée à la pointe avant la cuisson. Diam. 42 cent. 1/2. 10,000 fr.

Terre de pipe moulée et niellée de brun, dite poterie de Henri II. — *Salière* de plan hexagonal dont les angles sont flanqués de colonnettes cannelées reposant sur des mufles de lion qui décorent le soubassement, et entre lesquelles sont des bustes et des guirlandes. Dans les panneaux qui séparent les colonnes sont des baies carrées et entourées de fines niellures. Ces baies, percées à jour, laissent voir, dans l'intérieur du fût de la salière, trois petites figurines de ronde bosse adossées les unes contre les autres. Le replat supérieur du monument porte une capsule au centre de laquelle sont les croissants *mal ordonnés* de la devise de Henri II, entourés d'une couronne de feuillage. Haut. 10 cent., diam. 8 cent. 6,400 fr. — *Drageoir ovale* en forme de vasque avec couvercle. Le corps de la coupe, divisé en compartiments par une côte saillante évidée encore dans le style gothique, est niellé de mauresques et surmonté d'une frise de même style ; le socle, composé de plusieurs moulures, est également décoré de niellures. Un mascaron de lion, supporté par une console détachée, orne les deux extrémités du vase, et quatre petites appliques, de même genre, ornent la frise. A l'intérieur sont les armes de France renfermées dans un cartouchage également en niellure. Le couvercle, décoré de même que le corps de la coupe, est surmonté d'un socle portant un lion couché, de deux grenouilles, de deux mascarons d'hommes dis posés en console et de deux mufles de lion, le tout de ronde bosse ; l'intérieur de ce couvercle contient une niellure représentant un buste de femme coiffé d'un escoffion. Haut. 16 cent. sur 12 cent.[1]. 10,204 fr.

---

1. Voir le travail publié dans la *Gazette des Beaux-Arts* par M. Clément de Ris sur les faïences de Henri II, n° du 1er janvier 1860.

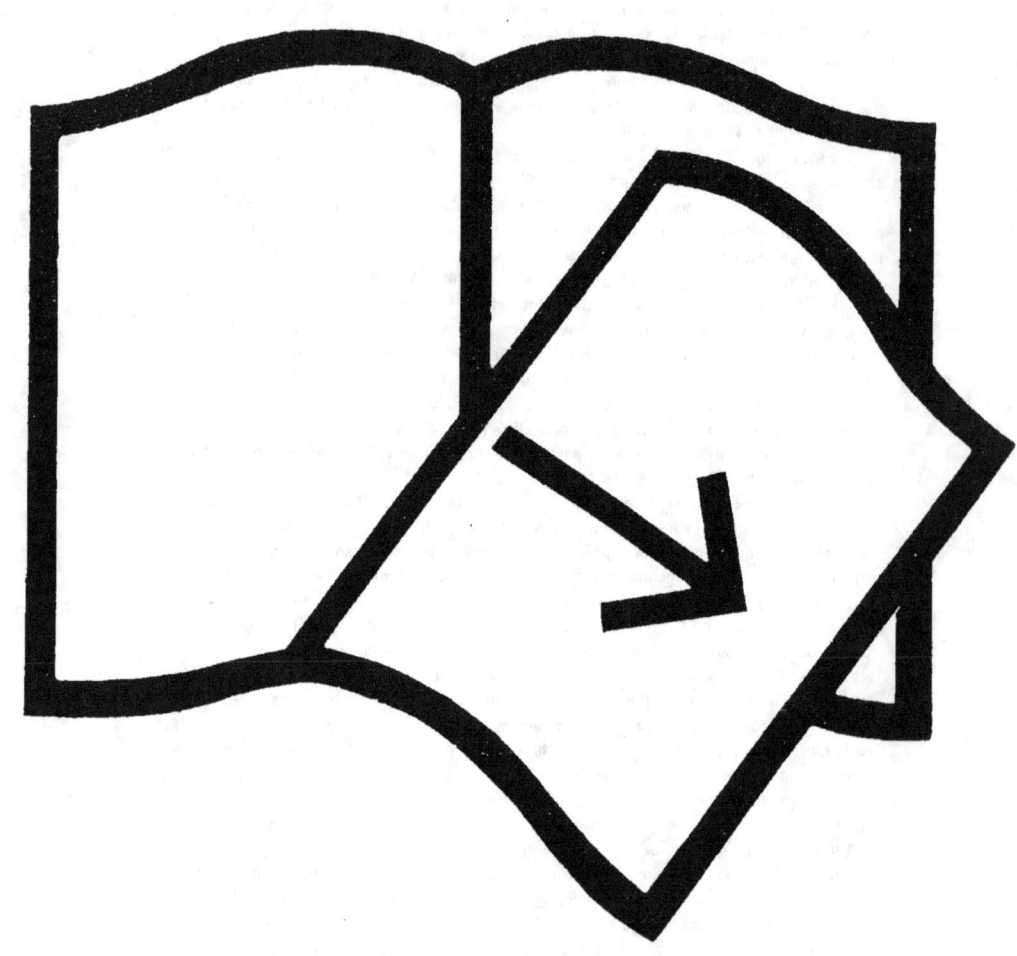

Documents manquants (pages, cahiers...)

NF Z 43-120-13

dans le *Monasticon anglicanum* qu'un abbé Pierre gouverna et rétablit l'abbaye de Glocester, de l'année 1104 à 1112. Quant au Thomas de Pocé de la seconde inscription, le R. P. Martin pense que c'était un seigneur angevin, comme ceux qu'il trouve avoir été les bienfaiteurs de Glocester au XIIe siècle.

Pour n'avoir point appartenu à Thomas Becket, comme le voulait le catalogue, cette œuvre, précieuse pour la technologie, était doublement précieuse pour l'Angleterre, qui l'a payée 15,000 francs, croyons-nous, pour le Musée de South-Kensington. On l'avait offerte jadis pour 1,500 francs à la commission des monuments historiques, pour le Musée de l'hôtel de Cluny. Sur le rapport du baron Taylor, l'offre fut repoussée!

A côté de cette œuvre remarquable des fondeurs anglais du commencement du XIIe siècle, nous citons une croix allemande un peu postérieure, dont M. Didron nous a également donné la gravure. Elle possède la particularité rare d'être portée sur un pied fort élégant malgré sa sauvagerie. Ces Allemands d'alors étaient, comme on le sait, de grands *dinandiers,* habiles à tailler le cuivre, comme le prouvent tant d'œuvres heureusement conservées en Allemagne jusqu'à nos jours.

La collection possédait encore une descente de croix surmontant une boîte reliquaire, plus sauvage qu'on ne peut l'imaginer, bien conçue cependant dans son ensemble, et quelques petits chandeliers, fontes à cire perdue, qui, obtenus sur des modèles plus ou moins fins, témoignent toujours d'une grande habileté de la part du fondeur, et d'une inépuisable fécondité d'imagination chez ceux qui les ont modelés.

ALFRED DARCEL.

(*La fin au prochain numéro.*)

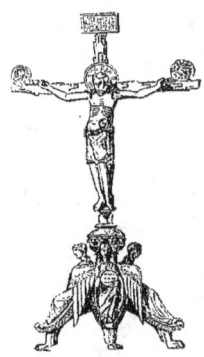

agenouillée plus bas, nous paraît être quelque autre dignitaire de l'abbaye. Le nœud d'architecture gothique renferme dans ses arceaux six panneaux d'émail également translucides, qui représentent l'Épiphanie avec des figures de saints. Au bas de la douille, ornée aussi de panneaux de même émail, est une inscription et la date de 1351. Haut. 53 cent. 8,650 fr.

Groupe en ivoire; *le Couronnement de la Vierge;* ouvrage de ronde bosse et de grande dimension, relativement à la matière. Jésus-Christ, posant la couronne sur la tête de Marie, est figuré sous les traits de Philippe III, dit le Hardi, fils et successeur de saint Louis, roi de France, qui épousa, en 1274, Marie, fille de Henri III, dit le Débonnaire, duc de Lorraine et de Brabant. Cette dernière représente la Vierge. 30,000 fr.

— Grande *statuette* en ivoire de la Vierge, debout et vêtue d'une robe traînante; elle porte son divin Enfant de l'avant-bras gauche, sous le coude duquel elle retient le pan de son manteau richement drapé, tandis que de la main droite elle lui présente un fruit. Le dominical qui recouvre sa tête est surmonté d'une riche couronne d'or en filigrane mêlé de rubis, d'émeraudes, de turquoises et de perles. 15,200 fr.

Tableau d'ivoire fermant à volets. Le tableau du milieu représente encore la Vierge debout et de ronde bosse, cette figure est surmontée d'un dais à coupole flanqué de tours crénelées. Les volets, au nombre de quatre et qui enveloppent entièrement la statue, représentent en bas-relief les sujets de l'enfance du Christ. 7,500 fr.

Grand *tableau* composé de onze panneaux d'émail peints en couleur et assemblés dans une monture en bois doré. La pièce centrale, de grande dimension, représente le Christ montant au ciel après sa résurrection, en présence des apôtres; le fond de cette scène offre un riche paysage. Au-dessus et dans le panneau qui forme le cintre, on voit le même Christ dans sa gloire, assis sur l'arc-en-ciel, au milieu des nues, tenant de la main droite le globe du monde et de l'autre l'Évangile ouvert. Les autres pièces de dimension moindre représentent les divers épisodes de la vie du Sauveur. Haut. 55 cent., larg. 52 cent. 20,000 fr.

Grande *armoire* à deux corps et cinq portes, avec un rang de trois tiroirs entre les deux corps. Haut. 2 mèt. 70 cent., larg. 1 mèt. 60 cent. 16,500 fr. — Autre *armoire* à deux corps et à quatre portes, dont trois pour le corps supérieur et une pour l'inférieur, avec rang de trois tiroirs entre deux. Collection Debruge. Haut. 3 mèt., larg. 1 mèt. 55 cent. 12,500 fr.

Pliant italien, entièrement recouvert de marqueterie de Venise, en bois et ivoire mêlés d'étain. — *Autre* semblable. Ces siéges rares viennent de Florence. XVe siècle. Haut. 95 cent., larg. 70 cent. 10,100 fr.

Toilette en fer damasquiné d'or et d'argent, ornée de cartouchages en relief, de même travail, entremêlés de mascarons, et ornement de haut relief en bronze doré. Cette toilette est surmontée d'un miroir à deux faces, tournant sur pivot, dont la glace métallique est recouverte ordinairement par un panneau de métal se tirant à coulisse. Ce miroir, qui forme la partie principale du meuble, est de forme architecturale et décoré dans le même goût et le même style que la base. 30,500 fr.

Petite table également en fer damasquiné et incrusté de lapis-lazuli, avec jeu d'échiquier au centre. Le monopède de cette table, également de composition architecturale, est soutenu par une base qui représente trois pieds humains chaussés d'estivaux; ce pied, ainsi que la base, sont aussi en fer damasquiné, également enrichi de figures et d'ornements en bronze doré. 20,000 fr.

Petit cabinet en fer, richement damasquiné d'or et d'argent, enrichi de figures de

ronde bosse et de bas-relief en fer forgé et ciselé, également damasquiné d'or et d'argent. 19,900 fr.

Grand diptyque consulaire en ivoire sculpté. 10,550 francs.

Aiguière à peinture en grisaille rehaussée d'or, sur fond noir, représentant Didon recevant Énée à sa table; le reste du vase est décoré de grotesques. 16,200 fr.

Bassin circulaire qui est le complément du vase ci-dessus. Il représente, au fond, les noces de Psyché d'après Raphaël; le bord est décoré de petits amours tenant des masques et des médaillons. (Catalogue Debruge, n° 699.) Haut. de l'aiguière, 29 cent.; diamètre du plat, 42 cent. 21,000 fr.

Bassin ovale, en même émail, accompagnant l'aiguière ci-dessus; le bord est orné de grotesques. Diam. 50 cent. sur 39. 11,500 fr.

Grand bassin rond, avec ombilic au centre, peint en émail, grisaille teintée. Le tour de l'ombilic représente Adam et Ève, et l'ombilic un buste d'homme, tandis que le revers offre un portrait de femme; ces bustes sont en couleur. Le bord est richement orné de grotesques. (Catalogue Debruge, n° 709; ouvrage de P. Rexmond, de Limoges, XVIe siècle.) Diam. 47 cent. 15,600 fr.

Coupe peinte en grisaille. Le couvercle porte une riche composition de figures dont le sujet est le Triomphe de Diane. L'intérieur de la coupe et le pied sont décorés des mêmes sujets et ornements que celle du n° 488 (Énée et Didon). Elle est signée de P. Rexmond, avec la date de 1552. Haut. 25 cent., diam. 10 cent. 18,000 fr.

Plat rond à ombilic, moulage de celui en étain de F. Briot. Le revers, qui est granité de diverses couleurs, présente, sous l'ombilic, la lettre F, gravée à la pointe avant la cuisson. Diam. 42 cent. 1/2. 10,000 fr.

Terre de pipe moulée et niellée de brun, dite poterie de Henri II. — *Salière* de plan hexagonal dont les angles sont flanqués de colonnettes cannelées reposant sur des mufles de lion qui décorent le soubassement, et entre lesquelles sont des bustes et des guirlandes. Dans les panneaux qui séparent les colonnes sont des baies carrées et entourées de fines niellures. Ces baies, percées à jour, laissent voir, dans l'intérieur du fût de la salière, trois petites figurines de ronde bosse adossées les unes contre les autres. Le replat supérieur du monument porte une capsule au centre de laquelle sont les croissants *mal ordonnés* de la devise de Henri II, entourés d'une couronne de feuillage. Haut. 10 cent., diam. 8 cent. 6,100 fr. — *Drageoir ovale* en forme de vasque avec couvercle. Le corps de la coupe, divisé en compartiments par une côte saillante évidée encore dans le style gothique, est niellé de mauresques et surmonté d'une frise de même style; le socle, composé de plusieurs moulures, est également décoré de niellures. Un mascaron de lion, supporté par une console détachée, orne les deux extrémités du vase, et quatre petites appliques, de même genre, ornent la frise. A l'intérieur sont les armes de France renfermées dans un cartouchage également en niellure. Le couvercle, décoré de même que le corps de la coupe, est surmonté d'un socle portant un lion couché, de deux grenouilles, de deux mascarons d'hommes disposés en console et de deux mufles de lion, le tout de ronde bosse; l'intérieur de ce couvercle contient une niellure représentant un buste de femme coiffé d'un escoffion. Haut. 16 cent. sur 12 cent.[1]. 10,201 fr.

---

1. Voir le travail publié dans la *Gazette des Beaux-Arts* par M. Clément de Ris sur les faïences de Henri II, n° du 1er janvier 1860.

MOUVEMENT DES ARTS ET DE LA CURIOSITÉ

VENTE DE LA COLLECTION SOLTYKOFF

Nous donnons aujourd'hui les principaux prix de cette collection à jamais regrettable. L'article de notre collaborateur et ami Alfred Darcel nous dispensant de toute appréciation, nous nous sommes borné à reproduire en partie les descriptions du catalogue de M. Roussel.

Grand retable d'autel, de forme cintrée par le haut, fermant à deux volets latéraux ; le tout en cuivre repoussé, doré et émaillé. 5,300 fr.

Autre *retable* en bois de chêne peint et doré. 5,500 fr.

Chandelier pascal en bronze fondu à cire perdue et doré, composé d'une tige à trois nœuds, supportant une grande patère hémisphérique accotée de trois chimères détachées en relief et d'une base triangulaire, sur laquelle sont assises plusieurs figures. 15,300 fr.

Grand *reliquaire* ou *châsse*, de forme quadrilatère, représentant un édifice à quatre transepts, entouré de portiques soutenus par des colonnes et surmonté d'une coupole à godrons; sous les portiques sont seize figures en ivoire (de morse), en pied et de ronde bosse, représentant les prophètes. Autour de la base de la coupole sont les statues assises des douze apôtres, en même matière et travail. Le centre ou porte des quatre transepts est rempli par autant de bas-reliefs en ivoire, représentant les sujets de la mort et la résurrection de Jésus-Christ. L'édifice, ainsi que ses toitures, est entièrement couvert en cuivre doré et richement émaillé de rinceaux et compartiments de diverses couleurs, en style byzantin, sur fond d'or. 51,000 fr. — Grande *châsse* à transepts et de même émail, décorée d'arcades trilobées sur fond de rinceaux, se détachant sur émail de diverses couleurs. La face antérieure représente dans le milieu du transept le Christ dans sa gloire, ayant à sa droite saint Martin et à sa gauche saint Calmine, duc d'Aquitaine et fondateur des monastères de Saint-Théophre en Velay et de Mosac en Auvergne, pour les reliques duquel cette châsse a été faite. Le revers de la châsse est orné de cinq médaillons de même travail, contenant des sujets tirés de la vie du Christ; le tout sur fond semblable au précédent. La crête est enrichie de cristaux de roche sphérique. Ouvrage de Limoges au milieu du XIIIe siècle. Haut. 60 cent., long. 60 cent., larg. 20 cent. 7,520 fr.

Grande *crosse* en cuivre doré enrichie d'un grand nombre de panneaux émaillés de basse taille sur argent et chatons de diverses pierres. L'extrémité de la volute, soutenue par un ange, porte la figure de l'abbé agenouillé devant la Vierge ; une autre figure, dans le *Monasticon anglicanum* qu'un abbé Pierre gouverna et rétablit l'abbaye de Glocester, de l'année 1104 à 1112. Quant au Thomas de Pocé de la seconde inscription, le R. P. Martin pense que c'était un seigneur angevin, comme ceux qu'il trouve avoir été les bienfaiteurs de Glocester au XII° siècle.

Pour n'avoir point appartenu à Thomas Becket, comme le voulait le catalogue, cette œuvre, précieuse pour la technologie, était doublement précieuse pour l'Angleterre, qui l'a payée 15,000 francs, croyons-nous, pour le Musée de South-Kensington. On l'avait offerte jadis pour 1,500 francs à la commission des monuments historiques, pour le Musée de l'hôtel de Cluny. Sur le rapport du baron Taylor, l'offre fut repoussée!

A côté de cette œuvre remarquable des fondeurs anglais du commencement du XII° siècle, nous citons une croix allemande un peu postérieure, dont M. Didron nous a également donné la gravure. Elle possède la particularité rare d'être portée sur un pied fort élégant malgré sa sauvagerie. Ces Allemands d'alors étaient, comme on le sait, de grands *dinandiers*, habiles à tailler le cuivre, comme le prouvent tant d'œuvres heureusement conservées en Allemagne jusqu'à nos jours.

La collection possédait encore une descente de croix surmontant une boîte reliquaire, plus sauvage qu'on ne peut l'imaginer, bien conçue cependant dans son ensemble, et quelques petits chandeliers, fontes à cire perdue, qui, obtenus sur des modèles plus ou moins fins, témoignent toujours d'une grande habileté de la part du fondeur, et d'une inépuisable fécondité d'imagination chez ceux qui les ont modelés.

ALFRED DARCEL.

(*La fin au prochain numéro.*)

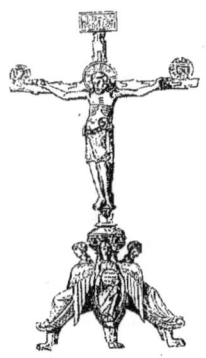

toutes, ou au moins les deux tiers, auront trouvé des acquéreurs. L'aquarelle est au tableau ce que la romance est à l'opéra, et la statuette au groupe monumental; cette comparaison peut faire comprendre pourquoi elle est généralement goûtée; mais elle n'a qu'une gloire éphémère de huit jours, qui se perd au fond des albums. Et, en vérité, on se surprend à se demander pourquoi des artistes d'un talent sérieux s'amusent à laver quand ils peuvent peindre. Il y a une raison, et sans doute elle est bonne : l'aquarelle est un jeu, une sorte de repos; elle se fait un peu comme on lit un roman, dans les moments perdus. On ne la méprise point; elle ne fait pas songer, mais bien plutôt sourire. A ce titre, elle a droit à notre attention, puisqu'elle nous procure un plaisir.

Cette lettre est déjà bien longue; cependant je veux y ajouter quelques mots pour vous annoncer une importante publication artistique de la maison Muquardt, de Bruxelles. Cette publication, dont le prospectus vient de paraître, aura pour titre : *Trésors d'art en Belgique*. Ce sera la reproduction, par la photographie, des chefs-d'œuvre contenus dans les musées, églises, édifices publics, collections particulières, ainsi que les monuments d'architecture et de sculpture du pays. Ce grand travail est entrepris par M. Fierlants, qui n'en est plus à faire ses preuves, et qui est assez connu par ses reproductions des beaux Memling de Bruges, du *Chanoine de Pala,* de la *Sainte Barbe* de Van Eyck, etc., etc. *Le Musée d'Anvers,* en cours de publication, est accompagné d'un texte descriptif, de M. W. Bürger. Puis viendront les Musées de Bruxelles, de Gand, les collections particulières, etc. Une publication de cette importance est appelée à un grand succès parmi les artistes, les amateurs et les savants.

« Avec une bonne photographie, dit le prospectus, on a l'œuvre même de l'artiste, rien de plus, rien de moins : la profondeur des expressions, la justesse des mouvements, toutes les délicatesses du travail. Ce qui constitue la couleur dans l'ensemble d'un tableau n'est pas la diversité des nuances, mais la relation de chaque ton local avec les autres. On le voit bien quand on examine les eaux-fortes de certains maîtres tels que Rembrandt, où l'on admire tous les effets de la couleur dans une simple gamme du blanc au noir. C'est cette dégradation de la lumière à l'ombre que la photographie calque prodigieusement... »

Ainsi le travail de M. Fierlants, accompagné du texte clair, concis, savant, de M. Bürger, ira dans les cabinets des amateurs, et chacun pourra « confronter les différentes écoles et pénétrer leurs analogies et leurs divergences; on rapprochera tous les exemplaires d'un même maître et l'on reconstruira ainsi la série de son œuvre. »

Une telle entreprise, faite par deux hommes intelligents, ce grand ouvrage, publié par une des premières maisons de la Belgique, « aura l'appui de toutes les personnes qui aiment les arts et qui s'intéressent à la propagation de tous les chefs-d'œuvre de la Belgique. »

ÉMILE LECLERCQ.

MOUVEMENT DES ARTS ET DE LA CURIOSITÉ

VENTE DE LA COLLECTION SOLTYKOFF

Nous donnons aujourd'hui les principaux prix de cette collection à jamais regrettable. L'article de notre collaborateur et ami Alfred Darcel nous dispensant de toute appréciation, nous nous sommes borné à reproduire en partie les descriptions du catalogue de M. Roussel.

Grand retable d'autel, de forme cintrée par le haut, fermant à deux volets latéraux ; le tout en cuivre repoussé, doré et émaillé. 5,300 fr.

Autre *retable* en bois de chêne peint et doré. 5,500 fr.

Chandelier pascal en bronze fondu à cire perdue et doré, composé d'une tige à trois nœuds, supportant une grande patère hémisphérique accotée de trois chimères détachées en relief et d'une base triangulaire, sur laquelle sont assises plusieurs figures. 15,300 fr.

Grand *reliquaire* ou *châsse*, de forme quadrilatère, représentant un édifice à quatre transepts, entouré de portiques soutenus par des colonnes et surmonté d'une coupole à godrons; sous les portiques sont seize figures en ivoire (de morse), en pied et de ronde bosse, représentant les prophètes. Autour de la base de la coupole sont les statues assises des douze apôtres, en même matière et travail. Le centre ou porte des quatre transepts est rempli par autant de bas-reliefs en ivoire, représentant les sujets de la mort et la résurrection de Jésus-Christ. L'édifice, ainsi que ses toitures, est entièrement couvert en cuivre doré et richement émaillé de rinceaux et compartiments de diverses couleurs, en style byzantin, sur fond d'or. 51,000 fr. — Grande *châsse* à transepts et de même émail, décorée d'arcades trilobées sur fond de rinceaux, se détachant sur émail de diverses couleurs. La face antérieure représente dans le milieu du transept le Christ dans sa gloire, ayant à sa droite saint Martin et à sa gauche saint Calmine, duc d'Aquitaine et fondateur des monastères de Saint-Théophre en Velay et de Mosac en Auvergne, pour les reliques duquel cette châsse a été faite. Le revers de la châsse est orné de cinq médaillons de même travail, contenant des sujets tirés de la vie du Christ; le tout sur fond semblable au précédent. La crête est enrichie de cristaux de roche sphérique. Ouvrage de Limoges au milieu du XIIIe siècle. Haut. 60 cent., long. 60 cent., larg. 20 cent. 7,520 fr.

Grande *crosse* en cuivre doré enrichie d'un grand nombre de panneaux émaillés de basse taille sur argent et chatons de diverses pierres. L'extrémité de la volute, soutenue par un ange, porte la figure de l'abbé agenouillé devant la Vierge ; une autre figure, agenouillée plus bas, nous paraît être quelque autre dignitaire de l'abbaye. Le nœud d'architecture gothique renferme dans ses arceaux six panneaux d'émail également translucides, qui représentent l'Épiphanie avec des figures de saints. Au bas de la douille, ornée aussi de panneaux de même émail, est une inscription et la date de 1351. Haut. 53 cent. 8,650 fr.

Groupe en ivoire; *le Couronnement de la Vierge;* ouvrage de ronde bosse et de grande dimension, relativement à la matière. Jésus-Christ, posant la couronne sur la tête de Marie, est figuré sous les traits de Philippe III, dit le Hardi, fils et successeur de saint Louis, roi de France, qui épousa, en 1274, Marie, fille de Henri III, dit le Débonnaire, duc de Lorraine et de Brabant. Cette dernière représente la Vierge. 30,000 fr. — Grande *statuette* en ivoire de la Vierge, debout et vêtue d'une robe traînante; elle porte son divin Enfant de l'avant-bras gauche, sous le coude duquel elle retient le pan de son manteau richement drapé, tandis que de la main droite elle lui présente un fruit. Le dominical qui recouvre sa tête est surmonté d'une riche couronne d'or en filigrane mêlé de rubis, d'émeraudes, de turquoises et de perles. 15,200 fr.

Tableau d'ivoire fermant à volets. Le tableau du milieu représente encore la Vierge debout et de ronde bosse, cette figure est surmontée d'un dais à coupole flanqué de tours crénelées. Les volets, au nombre de quatre et qui enveloppent entièrement la statue, représentent en bas-relief les sujets de l'enfance du Christ. 7,500 fr.

Grand *tableau* composé de onze panneaux d'émail peints en couleur et assemblés dans une monture en bois doré. La pièce centrale, de grande dimension, représente le Christ montant au ciel après sa résurrection, en présence des apôtres; le fond de cette scène offre un riche paysage. Au-dessus et dans le panneau qui forme le cintre, on voit le même Christ dans sa gloire, assis sur l'arc-en-ciel, au milieu des nues, tenant de la main droite le globe du monde et de l'autre l'Évangile ouvert. Les autres pièces de dimension moindre représentent les divers épisodes de la vie du Sauveur. Haut. 55 cent., larg. 52 cent. 20,000 fr.

Grande *armoire* à deux corps et cinq portes, avec un rang de trois tiroirs entre les deux corps. Haut. 2 mèt. 70 cent., larg. 1 mèt. 60 cent. 16,500 fr. — Autre *armoire* à deux corps et à quatre portes, dont trois pour le corps supérieur et une pour l'inférieur, avec rang de trois tiroirs entre deux. Collection Debruge. Haut. 3 mèt., larg. 1 mèt. 55 cent. 12,500 fr.

Pliant italien, entièrement recouvert de marqueterie de Venise, en bois et ivoire mêlés d'étain. — *Autre* semblable. Ces siéges rares viennent de Florence. XVe siècle. Haut. 95 cent., larg. 70 cent. 10,100 fr.

Toilette en fer damasquiné d'or et d'argent, ornée de cartouchages en relief, de même travail, entremêlés de mascarons, et ornement de haut relief en bronze doré. Cette toilette est surmontée d'un miroir à deux faces, tournant sur pivot, dont la glace métallique est recouverte ordinairement par un panneau de métal se tirant à coulisse. Ce miroir, qui forme la partie principale du meuble, est de forme architecturale et décoré dans le même goût et le même style que la base. 30,500 fr.

Petite table également en fer damasquiné et incrusté de lapis-lazuli, avec jeu d'échiquier au centre. Le monopède de cette table, également de composition architecturale, est soutenu par une base qui représente trois pieds humains chaussés d'estivaux; ce pied, ainsi que la base, sont aussi en fer damasquiné, également enrichi de figures et d'ornements en bronze doré. 20,000 fr.

Petit cabinet en fer, richement damasquiné d'or et d'argent, enrichi de figures de

ronde bosse et de bas-relief en fer forgé et ciselé, également damasquiné d'or et d'argent. 19,900 fr.

Grand diptyque consulaire en ivoire sculpté. 10,550 francs.

Aiguière à peinture en grisaille rehaussée d'or, sur fond noir, représentant Didon recevant Énée à sa table; le reste du vase est décoré de grotesques. 16,200 fr.

Bassin circulaire qui est le complément du vase ci-dessus. Il représente, au fond, les noces de Psyché d'après Raphaël; le bord est décoré de petits amours tenant des masques et des médaillons. (Catalogue Debruge, n° 699.) Haut. de l'aiguière, 29 cent.; diamètre du plat, 42 cent. 21,000 fr.

Bassin ovale, en même émail, accompagnant l'aiguière ci-dessus; le bord est orné de grotesques. Diam. 50 cent. sur 39. 11,500 fr.

Grand bassin rond, avec ombilic au centre, peint en émail, grisaille teintée. Le tour de l'ombilic représente Adam et Ève, et l'ombilic un buste d'homme, tandis que le revers offre un portrait de femme; ces bustes sont en couleur. Le bord est richement orné de grotesques. (Catalogue Debruge, n° 709; ouvrage de P. Rexmond, de Limoges, XVIe siècle.) Diam. 47 cent. 15,600 fr.

Coupe peinte en grisaille. Le couvercle porte une riche composition de figures dont le sujet est le Triomphe de Diane. L'intérieur de la coupe et le pied sont décorés des mêmes sujets et ornements que celle du n° 488 (Énée et Didon). Elle est signée de P. Rexmond, avec la date de 1552. Haut. 25 cent., diam. 40 cent. 18,000 fr.

Plat rond à ombilic, moulage de celui en étain de F. Briot. Le revers, qui est granité de diverses couleurs, présente, sous l'ombilic, la lettre F, gravée à la pointe avant la cuisson. Diam. 42 cent. 1/2. 10,000 fr.

Terre de pipe moulée et niellée de brun, dite poterie de Henri II. — *Salière* de plan hexagonal dont les angles sont flanqués de colonnettes cannelées reposant sur des mufles de lion qui décorent le soubassement, et entre lesquelles sont des bustes et des guirlandes. Dans les panneaux qui séparent les colonnes sont des baies carrées et entourées de fines niellures. Ces baies, percées à jour, laissent voir, dans l'intérieur du fût de la salière, trois petites figurines de ronde bosse adossées les unes contre les autres. Le replat supérieur du monument porte une capsule au centre de laquelle sont les croissants *mal ordonnés* de la devise de Henri II, entourés d'une couronne de feuillage. Haut. 10 cent., diam. 8 cent. 6,100 fr. — *Drageoir ovale* en forme de vasque avec couvercle. Le corps de la coupe, divisé en compartiments par une côte saillante évidée encore dans le style gothique, est niellé de mauresques et surmonté d'une frise de même style; le socle, composé de plusieurs moulures, est également décoré de niellures. Un mascaron de lion, supporté par une console détachée, orne les deux extrémités du vase, et quatre petites appliques, de même genre, ornent la frise. A l'intérieur sont les armes de France renfermées dans un cartouchage également en niellure. Le couvercle, décoré de même que le corps de la coupe, est surmonté d'un socle portant un lion couché, de deux grenouilles, de deux mascarons d'hommes disposés en console et de deux mufles de lion, le tout de ronde bosse; l'intérieur de ce couvercle contient une niellure représentant un buste de femme coiffé d'un escoffion. Haut. 16 cent. sur 12 cent.[1]. 10,201 fr.

---

[1]. Voir le travail publié dans la *Gazette des Beaux-Arts* par M. Clément de Ris sur les faïences de Henri II, n° du 1er janvier 1860.

blit un peu sur ses jambes de chèvre, mais son visage expressif respire bien l'ivresse des voluptés charnelles. La Nymphe ne remonte guère au delà de Natoire et de Vanloo; si le torse témoigne d'une certaine recherche de la beauté, les jambes trahissent une nature commune. Mais la chair rose et satinée frémit sous l'étreinte amoureuse; les tons les plus brillants et les plus délicats se jouent sur la surface de la peau. Une couleur pleine de distinction enveloppe le groupe et le paysage d'une teinte

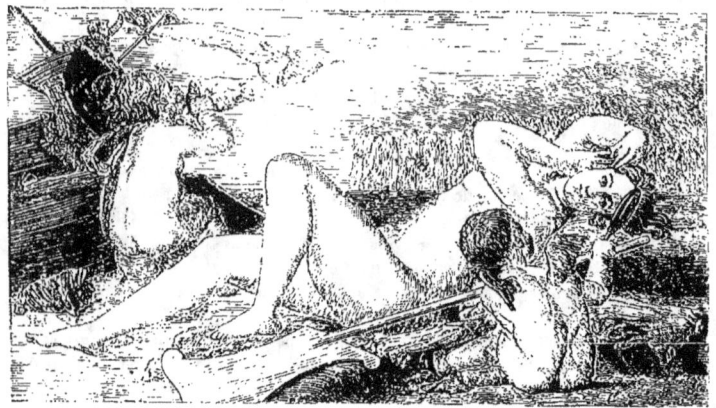

AMPHITRITE, PAR M. BAUDRY.

harmonieuse, dont la richesse étouffée et l'éclat un peu mat séduisent à première vue. Si les cartons de M. Puvis de Chavannes appellent la fresque, le *Faune* de M. Cabanel semble le modèle d'une belle tapisserie des Gobelins.

M. Baudry s'est aussi essayé dans le genre riant des fantaisies mythologiques. Il a peint en dessus de porte, chez madame la comtesse de Nadaillac, une Cybèle et une Amphitrite peu vêtues dont il expose les esquisses. On y retrouve les qualités fines et souples de ce talent original que nous aurons à juger en son lieu. La transparence azurée des demi-teintes rappelle les tons les plus délicats de l'émail. Les formes sont d'un sentiment tout moderne. Peints sur des vases de Sèvres, ces sujets suffiraient à leur donner une date.

LÉON LAGRANGE.

LA COLLECTION SOLTYKOFF

(*Suite.*)

L'ORFÉVRERIE RELIGIEUSE

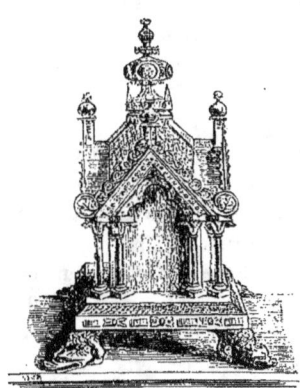

La plupart des objets fort divers que nous classons sous cette dénomination générale peuvent se ranger dans les séries suivantes : Châsses, — statues-reliquaires, — tableaux-reliquaires, — reliquaires divers, — croix, — calices, — burettes, — ciboires (colombes et pyxides), — encensoirs et navettes à encens, — agrafes de chape, — reliures, — crosses, croix de consécration.

Sous peine de recommencer le catalogue de vente, il nous faut effleurer ces vastes matières et nous contenter de l'énonciation sommaire des œuvres principales que nous citerons. Aussi demandons-nous pardon d'avance de la rapidité de notre examen, et, peut-être, de sa longueur.

CHASSES. — La forme la plus ordinaire des châsses est celle d'une petite maison à deux pignons, recouverte par un toit à deux rampants. Parfois les façades latérales sont coupées par de petites avances qui donnent la forme d'une croix au plan de l'ensemble. Alors la châsse a quelque ressemblance avec une église à transepts. Mais souvent la similitude est plus prononcée, surtout vers la fin du XIII° siècle, et il est telle châsse de cette époque, comme celle de saint Thaurin, d'Évreux, qui, avec ses contre-forts et son clocher central, ressemble à un modèle de chapelle[1]. La plus importante de celles en forme de maison, que possédait la collection Soltykoff, était celle qui a jadis tant fait parler d'elle, sous le nom de châsse de saint Calmine. Elle appartenait à l'église de La Guène (Corrèze), lorsque le desservant et le maire de cette commune s'avisèrent de la vendre à un chaudronnier pour la somme de 250 francs — c'était en 1841, il y a vingt ans de cela. — Celui-ci la revendit 3,000 francs à un marchand de Paris. Le fait fut dénoncé au garde des sceaux, qui fit mettre la châsse en séquestre et qui excita le conseil de fabrique de La Guène à plaider en revendication de la chose que l'on avait vendue sans son consentement[2]. La fabrique gagna en première instance et perdit sans doute en appel, car ladite châsse ne tarda pas à entrer dans le cabinet du prince Soltykoff.

Vous croyez peut-être que l'administration, qui jadis avait noirci tant de papier pour la restitution de cette œuvre à l'église de La Guène, laquelle lui préférait 250 francs, s'occupa de la conserver du moins à la France lorsqu'elle fut mise en vente? On s'en était inquiété jadis; on avait rempli son devoir de gouvernement; le dossier de l'affaire était plein et oublié au fond d'un carton, et l'on a laissé qui l'a voulu emporter la châsse de saint Calmine pour 7,520 francs. Et l'on vante les bienfaits de la centralisation française!

Cette châsse[3], en émail champlevé, longue de 69 centimètres et haute de 60, est un des plus importants exemplaires de la fabrication de Limoges vers le milieu du XIIIe siècle. Elle est composée de plaques d'émail clouées sur une forme en bois, portée sur quatre pieds placés aux quatre angles. La couleur dominante est le bleu qui forme le fond, sur lequel s'enroulent des rinceaux en cuivre réservé, d'où s'échappent des fleurs émaillées. Les émaux de ces fleurs, juxtaposés les uns aux autres, changent de couleur suivant ces deux gammes invariables dans les fabriques de Limoges : rouge, bleu lapis, bleu turquoise, blanc ; — rouge, vert, jaune, blanc. Des figures en relief, en cuivre repoussé, ciselé et doré, sont appliquées sous des arcatures que l'on a simulées sur l'émail. Au centre, sur la face du transept, est le Christ bénissant; un évêque et un abbé sont debout à ses côtés sur les parois de la châsse; deux anges encenseurs garnissent les rampants du toit; une belle crête ajourée, surmontée de pommelles en cristal de roche, domine l'arête du toit.

---

1. Publiée dans la *Gazette des Beaux-Arts,* tome IV, page 234.
2. *Bulletin du comité des arts et monuments,* tome II, page 428 et *passim.*
3. Publiée en gravure sur bois dans le *Dictionnaire du Mobilier,* de M. E. Viollet-le-Duc.

Des figures réservées et gravées occupent les deux extrémités; de simples ornements sont sur le revers. C'était sur ces données plus ou moins simplifiées et sur des dimensions plus ou moins restreintes, avec un soin plus ou moins grand apporté à la fabrication, qu'étaient construites toutes ces châsses de Limoges. Aussi ne décrivons-nous point les douze autres plus petites, et remarquables à titres divers, qui faisaient partie de la collection. Nous noterons que sur certaines les figures en relief sont elles-mêmes émaillées sur leurs vêtements, les plis seuls étant figurés en métal réservé[1]; que sur une autre le fond, au lieu d'être émaillé, est vermiculé par une gravure d'une finesse exquise, tandis que les figures sont émaillées. Une dernière (n° 150) appartient au XIVe siècle, époque où les grandes pièces d'émail sont plus rares. Les figures y sont gravées en épargne, placées sous une arcature ogivale également en réserve, se détachant sur un fond bleu ou rouge, orné de fleurs de lis réservées comme le reste.

Les fonds si richement ornés qu'on voit aux émaux de Limoges des époques antérieures disparaissent alors presque exclusivement pour faire place aux fonds unis, chargés tout au plus d'un ornement courant; quant aux ornements empruntés aux formes de l'architecture, ils sont plus communs et leur imitation est plus littérale qu'au XIIIe siècle, où c'est encore le plein cintre qui règne dans les ateliers attardés de la province du Limousin, bien que depuis longtemps l'ogive soit adoptée dans l'architecture. La crête de cette petite châsse, formée de colonnettes supportant des arceaux à ogives, est de la plus grande élégance. M. Du Sommerard a pu l'acquérir pour le Musée de l'hôtel de Cluny au prix de 1,304 francs.

Ce sont les châsses de Limoges que l'on rencontre partout, en Angleterre comme en Allemagne, lorsqu'il s'agit d'œuvres de petite dimension, comme si les émailleurs allemands eussent dédaigné de se détourner de leurs grands travaux, faits sur commande, pour ces objets courants, et souvent de pacotille. Fait étrange, d'où l'on pourrait induire qu'il n'existait point en Allemagne d'ateliers laïques occupés d'une production incessante, et que c'était dans les cloîtres que l'on fabriquait toutes ces œuvres merveilleuses que l'on admire sur les bords du Rhin. Aussi, quand il s'agit d'un émail de choix, c'est presque toujours aux émailleurs rhénans qu'il faut l'attribuer. Telle est la châsse en forme d'église byzantine qui était l'honneur de la collection Soltykoff parmi tant de monuments si remarquables.

---

1. Publiées en chromolithographie dans *le Moyen Age et la Renaissance*.

Cette châsse[1] affecte en plan la forme d'un carré, d'où partent quatre transepts qui forment les branches égales d'une croix surmontée d'une coupole centrale côtelée. Les flancs de l'édifice sont revêtus de plaques d'émail, ainsi que les toits et le dôme. Des arcatures, supportées par des colonnes émaillées, à bases et à chapiteaux en cuivre doré, ornent les murs et abritent des statues debout, sculptées en dent de morse. Quatre bas-reliefs, représentant quatre scènes de la vie du Sauveur, garnissent les faces des transepts. Le tambour de la coupole est accosté de pilastres dans l'intervalle desquels sont assises les figures des apôtres en dent de morse[2]. Apôtres et prophètes portent des banderoles : les seconds annonçant la venue du Christ, les premiers proclamant les versets du *Credo*. Le motif de l'ornementation est donc ce dualisme ou plutôt ce parallélisme de l'ancienne loi et de la nouvelle, dont la représentation est si chère aux anciens artistes flamands, comme nous l'avons déjà signalé à propos de la châsse de saint Héribert de Deutz, et de l'autel portatif du musée archiépiscopal de Cologne dans notre article sur les *Trésors sacrés de Cologne* (*Gazette des Beaux-Arts*, tome IX, page 226 et *passim*). Outre la composition générale du monument, ce qu'on doit le plus y admirer, c'est la finesse et le doux éclat des émaux, qui sont en outre d'une conservation merveilleuse, et l'élégance ainsi que la variété des dessins qu'ils forment. Ces émaux sont obtenus, comme ceux de Limoges, par le procédé du champlevage ; mais comme il eût été impossible de réserver, dans le métal qui sert d'excipient, des filaments aussi déliés que ceux que l'on observe en certaines parties des plaques du toit, les ouvriers allemands ont rapporté quelques cloisons, combinant ainsi l'ancien procédé grec avec la nouvelle méthode occidentale. Cette œuvre, qui n'a d'égale qu'un monument semblable conservé dans le musée de Brunswick[3], avait coûté 25,000 francs au prince Soltykoff; elle a été vendue 54,000 francs et acquise pour l'Angleterre.

1. La vue, publiée dans le tome XX des *Annales archéologiques* de Didron, qu en prépare une monographie complète, était en tête du catalogue de la vente. Un cliché en a été reproduit par le journal *l'Illustration*. La *Gazette des Beaux-Arts* en a publié une petite gravure sur bois, tome III, page 35, empruntée au *Manuel d'orfévrerie* de Didron.

2. Deux des bas-reliefs, et l'une au moins des figures d'apôtre ou de prophète, est une restauration due à M. Geoffroy Dechaume. Le bouton terminal, deux des dragons qui supportent le monument et quelques bandes en cuivre repoussé du socle, sont des restitutions dues à M. Carrand.

3. Sur le tambour du dôme de la châsse de Brunswick, il y a le Christ en plus des douze apôtres, de sorte que le dôme est divisé en treize parties au lieu de douze.

Après cette œuvre importante, il est permis de négliger les autres émaux allemands que possède la collection, sauf à mentionner un coffret carré à dos plat (n° 134), garni de clous sphériques sur son pourtour. C'est un des rares petits meubles tout en émail que l'on puisse rencontrer appartenant à l'art rhénan, et M. Carrand le considère à bon droit comme un des premiers essais de l'émaillerie cloisonnée. Aussi a-t-il été payé 7,700 francs par sir Altenborough.

Nous devons classer, parmi les châsses, deux « ossuaires » (n°s 176 et 177[1]), comme les appelle le catalogue. Ils appartiennent au xv° siècle et sont de travail allemand. Ce sont deux longues boîtes en argent, toutes percées d'ajours — ogives et rosaces — sur leurs côtés terminés par des frontons aigus accostés de contre-forts, couvertes de toits à imbrications, ornées de crêtes, surmontées d'un clocher, et portées par de hauts pieds à griffes; œuvres très-belles et très-précieuses que le Musée de Cluny a pu acquérir, au prix total de 4,600 francs.

STATUES – RELIQUAIRES. C'est une idée ingénieuse que d'enfermer dans l'effigie d'un saint les reliques que l'on a conservées de lui, puisque l'enveloppe fait immédiatement songer à ce qu'elle contient. C'étaient sans doute des particules des vêtements de la Vierge que renfermaient les quatre statuettes de la Vierge en cuivre repoussé, ciselé et doré, assises sur des trônes en cuivre émaillé, que possédait la collection. Mais peut-être aussi quelques-unes d'entre elles n'étaient-elles que de simples effigies. La plus importante (n° 154), par la dimension comme par la qualité du travail, avait subi une restauration fort habile, exécutée jadis sous la direction de M. Dugué. Le revers du fauteuil représente l'Annonciation, figurée par l'ange et par la Vierge, debout chacun sur une plaque et séparés par une porte ajourée représentant un vase d'où sort un lis. Or l'une des figures, gravée en réserve sur un fond émaillé, salie, usée, dédorée par places, est une restauration exécutée sur un dessin de M. L. Steinheil, l'artiste qui s'est le plus intimement pénétré du style du xiii° siècle. La fraude se reconnaît surtout à ce que le graveur moderne a été moins hardi dans son travail que le graveur du moyen âge, et ne possédait point les mêmes outils. La porte est également une restauration, et le motif qui la décore devait être pris sur un magnifique fragment en ivoire que possédait M. Dugué[2]. Gardée pour 2,250 francs

---

1. Publiés en gravure sur bois et en chromolithographie dans *le Moyen Age et la Renaissance*.

2. Le siége de cette Vierge est publié dans le *Dictionnaire du Mobilier* de M. Viollet-le-Duc. Une autre Vierge est publiée en chromolithographie dans *le Moyen Age et la Renaissance*.

par M. Seillière, qui avait acheté toute la collection en bloc afin de la revendre en détail.

Traversant maintenant un long intervalle d'années, nous passons du XIII° siècle et de Limoges au XV° siècle et à la Suisse. C'est, en effet, à ce siècle et à l'art allemand qu'appartiennent, et de Bâle que viennent deux statuettes en argent repoussé, représentant l'une saint Sébastien (n° 172) lié à un arbre, l'autre saint Christophe (n° 173) écrasé, malgré l'arbre où il s'appuie, sous le poids de l'enfant assis sur son épaule. C'est au même art qu'il faut attribuer le numéro 170 qui représente une sainte femme assise sous un riche dais en architecture; elle porte debout sur ses genoux une petite fille et un petit garçon. Une particularité de ce groupe qui figure, dit-on, sainte Anne avec la Vierge et son frère, c'est que les vêtements sont peints d'une couleur transparente qui laisse au métal tout son éclat.

Ces statuettes appartiennent par leur style aux mêmes traditions que la peinture allemande du XV° siècle, si vulgaire quand elle n'est pas exécutée par quelque artiste mieux doué que les enlumineurs habituels des panneaux en bois des triptyques ou des feuilles en vélin des manuscrits. Aussi nous ne concevons guère les prix élevés que ces pièces, très-habilement exécutées d'ailleurs, ont atteints. M. Du Sommerard a acheté la *Sainte Anne* pour le Musée de Cluny au prix de 3,180 francs. Nous eussions préféré autre chose, et, puisque l'exiguïté du crédit que M. E. Du Sommerard avait pu enfin obtenir lui faisait une loi de choisir, il nous eût semblé préférable d'offrir au public des œuvres d'une époque plus soigneuse de l'idéal. M. Seillière a gardé pour 5,900 francs le *Saint Sébastien*, et pour 5,600 francs le *Saint Christophe*.

TABLEAUX RELIQUAIRES. Nous donnons ce nom à des monuments que M. Carrand appelle retables et tables d'autel. Les uns sont des triptyques, les autres de simples plaques de métal chargées d'ornements ou de figures en relief, encadrées dans une bordure saillante. Le prince Soltykoff avait pu réunir trois de ces triptyques et cinq de ces plaques que possédait en tout ou partie, croyons-nous, l'église de Saint-Servais de Maëstricht. Ce sont les seuls monuments du même genre que nous ayons encore vus, si nous en exceptons un triptyque conservé au Musée d'antiquités de Bruxelles[1].

Les trois triptyques sont à peu près de même forme et de même travail, et l'excellente gravure à l'eau-forte que M. Jules Jacquemart a faite du plus important d'entre eux (n° 24) nous dispense de toute description. Dans cette œuvre, tous les arts ont apporté leur concours : le repoussé,

---

1. Publié dans la *Gazette des Beaux-Arts*, tome IV, page 294.

le frappé, le filigrane, la fonte, la ciselure, l'art du lapidaire et celui du graveur en pierres fines. Ce triptyque doit être un reliquaire de la vraie croix. Les fragments de celle-ci forment les deux petites croix enfermées sous des plaques de cristal de roche, dans le tableau porté par l'ange qui sert d'amortissement à la retombée des deux arcs d'encadrement de la scène centrale. Ces deux croix sont une variante de la croix à double branche qui sert toujours à renfermer et à signaler les fragments de la vraie croix.

Deux anges armés, l'un de la lance de Longin, l'autre de l'éponge emmanchée à une longue hampe, soutiennent également le reliquaire, et semblent le garder. Au-dessus, le Christ lui-même, assisté de la Justice et de la Miséricorde, vient, au son des trompettes du jugement dernier, juger ceux qu'il a voulu sauver sur la croix. Le mystère de la rédemption est encore figuré, et dans un médaillon qu'accompagnent les quatre symboles évangéliques, et dans l'intaille placée au-dessous, au beau milieu d'un émail. Cet émail, rhénan et champlevé, représente les trois Marie venant au tombeau, sujet en parfaite harmonie avec le motif principal de ce monument. Enfin, les douze apôtres, assis deux à deux sur les volets, portent le livre des Évangiles et attestent la vérité du mystère.

Les filigranes richement enlacés, les pierres fines enchâssées au milieu d'eux, les émaux, les bandes émaillées servant de bordure aux bandes en repoussé placées en biseau dans les encadrements mêlent les uns leurs scintillements, les autres leur doux éclat aux tons trop uniformes des plaques dorées et font un tout accompli de cet ensemble auquel on ne peut refuser ni le style ni la grandeur, malgré quelque sauvagerie dans certaines parties de l'exécution. Si l'on compare ce triptyque avec l'autel d'or de Bâle, conservé au Musée de l'hôtel de Cluny, on devra y reconnaître quelques analogies de détail qui doivent faire dater des premières années du XIIe siècle le monument qui nous occupe. Les 7,400 francs qu'il a été payé ne nous semblent point exagérés, eu égard à son importance.

Les cinq autres tables d'autel, décorées les unes de figures en relief représentant la béatification d'abbés que Dieu ou des anges couronnent, les autres simplement émaillées et représentant des vertus[1], sont intéressantes en ce qu'elles montrent une particularité de fabrication spéciale aux orfévres allemands. Dans quelques pièces allemandes, comme la Couronne de lumière d'Aix-la-Chapelle, comme les monuments qui nous occupent, certains ornements ou des inscriptions se détachent en

---

[1] Publiées par nous dans les *Annales archéologiques,* tome XX.

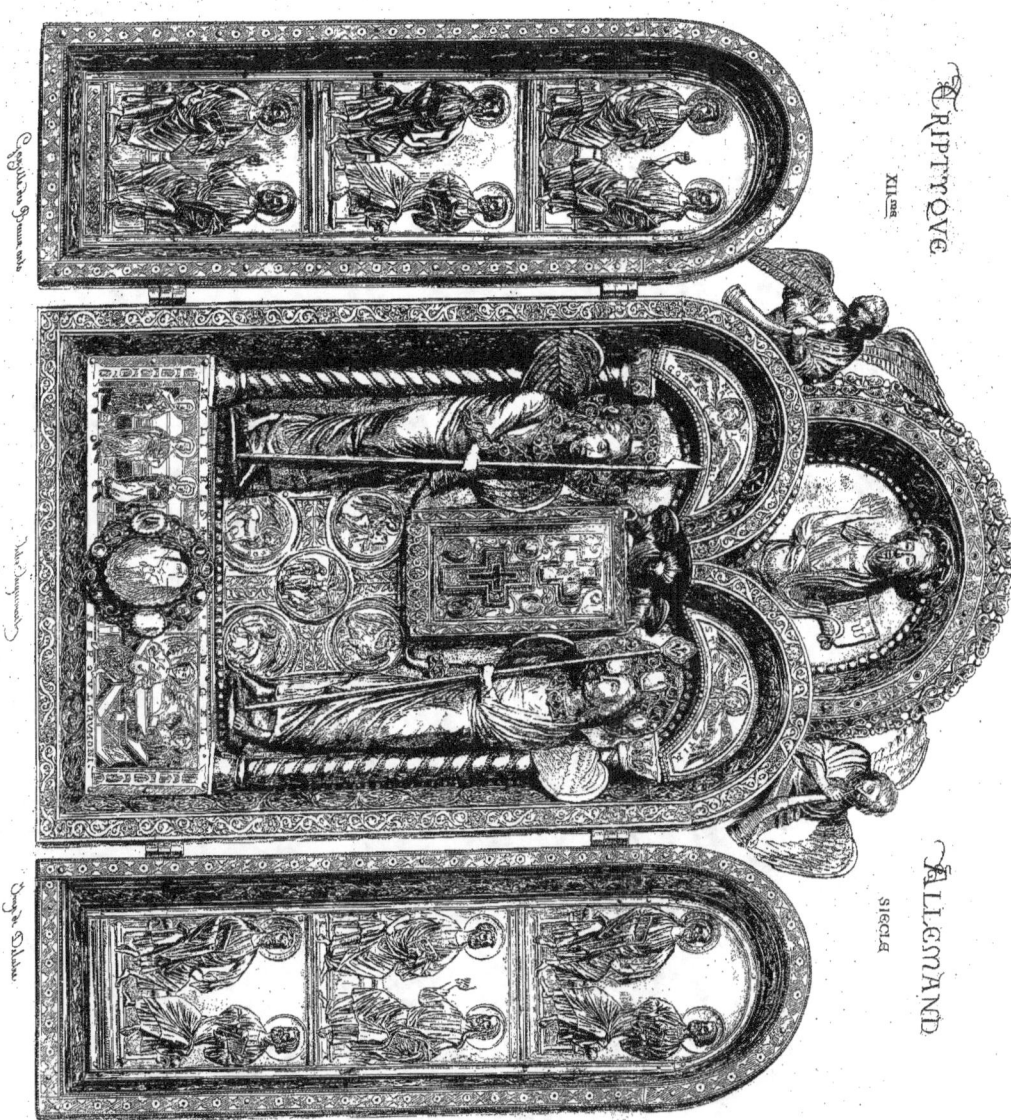

TRIPTYQUE
XII.me

ALLEMAND
SIECLE

or sur un fond brun obtenu par un vernis transparent et très-solide appliqué sur le métal. Les ornements ou les inscriptions sont-ils appliqués sur le vernis bien séché et au préalable fixé par la cuisson? ou bien, sur le vernis encore humide et appliqué sur le métal doré, a-t-on enlevé les ornements et les lettres de façon à laisser reparaître l'or du fond? Un examen attentif ne nous a pas permis de résoudre la question, et les RR. PP. Cahier et Martin, tout en publiant un certain nombre de spécimens de cet art dans leurs *Mélanges d'archéologie et d'histoire,* ont omis de s'occuper de cette question technologique.

RELIQUAIRES DIVERS. Dans l'infinie variété de formes que présentent les reliquaires, il en est qu'il est impossible de classer d'une façon rigoureuse, et que nous rapprochons sous une même rubrique banale.

Tel est le petit monument (nº 133, Debruge 951) dont M. Jules Labarte a bien voulu nous prêter la gravure placée en tête de ces lignes, publiée jadis par lui dans cette *Description des objets d'art de la collection Debruge-Duménil,* qui est devenue la grammaire de tous les archéologues et de tous les amateurs [1]. Ce monument en argent doré et niellé, décrit par M. J. Labarte, nous semble incomplet, et devait présenter des bas-reliefs sur ses quatre faces aujourd'hui garnies de plaques lisses en argent. Acheté par M. Basilewski, pour 4,520 francs.

Un autre des plus charmants reliquaires de la collection (nº 163, Debruge 953) est formé d'un prisme hexagonal en cristal de roche, supporté horizontalement par des tourelles que portent quatre anges de la plus grande tournure drapés de manteaux. Des filigranes à feuillages d'un luxe inouï courent, en formant crête, au-dessus du cylindre et sont interrompus par des tourelles que surmontent des aigles. Cette œuvre représente d'une façon heureuse l'orfèvrerie de l'extrême fin du XIIIᵉ siècle, inclinant déjà vers les maigreurs du XIVᵉ siècle, mais retenant encore quelque chose de la mâle ampleur du XIIᵉ [2]. Gardé par M. Seillière pour 4,950 francs.

Le numéro 162, composé de cristal de roche gravé, orné de filigranes et de nielles, est encore une œuvre du XIVᵉ siècle, mais une œuvre composée

---

1. Nous conseillons de lire dans ce livre la description des pièces qui ont figuré dans l'ancienne collection Debruge, dont nous avons soin de donner le numéro en même temps que celui du catalogue Soltykoff. M. Jules Labarte prépare en outre une *Histoire des arts industriels au moyen âge et à la Renaissance,* fruit de longues années de voyages, d'études et de recherches, ouvrage que nous pouvons dire d'avance excellent et dans lequel sont publiés en photo-chromolithographie (pardon du mot barbare) les principales pièces de la collection Soltykoff.

2. M. L. Gaucherel grave ce monument pour les *Annales archéologiques.*

de pièces différentes, car son pied quadrilatéral, chargé de bas-reliefs, a longtemps existé seul dans les collections Soltykoff et Debruge-Dumesnil (n° 954). Ce n'est que plus tard qu'on a pu y superposer l'ensemble de cristaux et d'orfévrerie qui le couronne d'ailleurs si heureusement. Acheté 2,700 francs pour l'Angleterre.

Citons encore comme une des plus belles ciselures que nous connaissions le numéro 169, acheté 600 francs par M. Lowengard. Il renferme des reliques de saint Maxien, de saint Lucien et de saint Julien, dont les effigies sont ciselées moitié en creux, moitié en relief, suivant un procédé ordinaire au xive siècle, dans une plaque d'argent ornée d'arcatures. C'est l'habitude de ces reliefs en creux, comme le sont du reste les hiéroglyphes égyptiens, qui a dû faciliter la fabrication des émaux translucides sur relief, dont nous aurons occasion de nous occuper plus loin.

Enfin, nous mentionnerons encore (n° 181) un reliquaire phylactère[1], c'est-à-dire portatif et pouvant être suspendu par des cordons sur la poitrine d'un diacre ou d'un prêtre, comme cela était usité d'après certains ordinaires pendant certaines cérémonies. Ce reliquaire est en forme de trapèze, avec deux côtés curvilignes, — en forme de panetière (dit assez exactement le catalogue), — et orné d'une rosace en émail champlevé, où les tons verts dominent comme cela est habituel dans les œuvres de l'émaillerie allemande. Gardé par M. Seillière pour 891 francs.

CROIX. Le prince Soltykoff avait pu réunir vingt-trois croix toutes remarquables par la matière ou le travail. La plus petite, mais la plus intéressante parmi celles-ci (n° 94), est revêtue de plaques d'or filigrané, et porte un Christ en dent de morse accompagné des quatre symboles évangéliques en émaux cloisonnés. Ces émaux, excessivement rares dans les collections publiques, le sont encore davantage dans les collections particulières, surtout quand ils ne se bornent point à former de simples ornements. On sait que ces émaux sont parfondus dans de petites caisses formées par des lames d'or, soudées suivant un dessin préconçu sur une platine d'or, genre de fabrication usité par les byzantins et qui, en venant en Occident, s'est transformé en ce procédé beaucoup plus expéditif de l'émail champlevé. Cette œuvre nous semble appartenir aux dernières années du xie siècle rhénan, tant par le jet des draperies qui recouvrent le Christ que par le style général. Acquise pour l'Angleterre au prix de 3,000 francs.

---

1. Voir notre article sur les reliquaires phylactères dans les *Annales archéologiques*, tome XVIII, page 344 et *passim*.

Plusieurs platines de croix représentant le Christ en émail blanc sur un fond de métal sont intéressantes comme échantillons de la plus ancienne fabrication des émaux de Limoges, et par la qualité de l'émail blanc, semi-translucide et non opaque et lourd comme on l'obtient dans les imitations modernes. Limoges abandonna plus tard l'usage de cet émail blanc, du moins appliqué à de si grandes surfaces, peut-être à cause de la difficulté de son emploi, peut-être aussi parce que, trop disparate de ton avec les émaux ordinairement employés, il faisait « trou » sur les pièces émaillées.

Trois croix étaient surtout remarquables par le luxe de leur décoration : les numéros 102, 108 et 103.

Les numéros 102 et 108 appartiennent au xiii° siècle, et le numéro 103 au xv° siècle de la Suisse allemande.

Le numéro 108 est une croix reliquaire contenant des parcelles de la vraie croix, comme l'indique son double croisillon. Le luxe inouï des filigranes à jour dont ses deux faces sont recouvertes, la complication de ses ornements en rendent la description impossible. Il en est de même du numéro 102, où les filigranes offrent cette particularité d'être terminés par des feuillages ou des rosettes en métal estampé. Ces travaux, où chaque pièce faite à part est soudée et ajustée pour former l'ensemble, présentent une netteté, une franchise de fabrication, une opposition de brillants et de noirs, qui laissent bien en arrière toutes les imitations qu'on veut en faire au moyen de la fonte seule et de la ciselure. Si le numéro 102 est allé en Angleterre pour 1,620 francs payés par M. Webb, la seconde pièce est entrée au musée de Cluny pour 1,090 francs[1].

Le numéro 103 est un spécimen de l'orfèvrerie allemande du xv° siècle, magnifique par les dimensions et le travail. Cette croix en argent est tout ajourée de claires-voies flamboyantes qui se détachent sur un fond émaillé de bleu ou de vert. Ces claires-voies, percées dans plusieurs lames d'argent superposées, corroborent ce que nous disions plus haut du mérite des œuvres formées de pièces rapportées. Ainsi, une première plaque plus épaisse, percée à jour, forme comme les membres principaux de la décoration architecturale; puis une seconde plaque plus mince, appliquée derrière et percée d'autres ajours, figure les meneaux et le réseau des fenestrages compris entre ces membres principaux. Par ce procédé, d'une simplicité excessive et qui est également employé dans la ferronnerie au xv° siècle, on peut obtenir des arêtes et des joints d'une netteté excessive, et en multipliant le nombre des plaques on peut reproduire en métal les

---

1. Sera publiée dans l'*Histoire des Arts industriels* de M. J. Labarte.

formes de l'architecture la plus compliquée [1]. Telles sont celles du nœud, de la croix et des clochetons qui surmontent les bras de cette œuvre compliquée, qui, si elle est un peu extravagante dans son ensemble, est du moins d'une simplicité extrême dans sa fabrication. Cette croix, qui jouissait d'une grande faveur auprès des amateurs moins exclusifs que les douzecentistes, a été payée 17,100 francs par M. Fau.

CALICES. Avant de traiter des calices, nous voulons noter un monument d'une rareté insigne qui était destiné à recevoir le calice lorsque le sacrifice de la messe n'était point célébré dans un lieu consacré : c'est l'autel portatif (n° 23, Debruge 1477), décrit une première fois par M. Jules Labarte; décrit une seconde fois et figuré par M. E. Viollet-le-Duc, dans son *Dictionnaire du Mobilier* [2]. Il est formé d'une plaque de marbre lumachelle incrusté dans une bordure de cuivre dans laquelle sont serties des feuilles de cristal de roche, recouvrant des peintures sur vélin. Acquis pour 3,000 francs par M. Roussel, expert.

Si la collection Soltykoff possédait peu de calices anciens, ceux qu'elle renfermait, précieux à cause des dates et des inscriptions qu'ils portent, servent de spécimen pour apprécier les caractères de l'art italien du XVe siècle.

Le n° 54 (Debruge 906)[3], signé *Andreas Arditi de Florentia me fecit*, est orné d'émaux translucides sur relief, ainsi que le numéro 55 (Debruge 907) qui porte l'inscription : *Ghoro di S. Neroccio orafo da Siena*, 1415. Le premier a été vendu 790 francs à M. Durlacher; le second est resté à M. Seillière pour 1,760 francs.

Les Italiens semblent avoir adopté avec répugnance nos émaux champlevés, et lorsqu'ils s'en sont servis ils se sont bornés à les employer comme fonds pour les figures gravées dont ils décoraient leurs pièces d'orfévrerie. Mais ils ont adopté avec une certaine passion, et peut-être inventé les émaux translucides sur relief, émaux où le modelé s'obtient par le plus ou moins d'épaisseur de la couche transparente vitrifiée.

Comme tout s'enchaîne dans l'art du moyen âge, une étude attentive

---

1. C'est par ce procédé que sont obtenues les deux grilles en fer (n° 183), dont l'une est figurée dans la *Description de la collection Debruge* de M. J. Labarte, où elle porte le numéro 1434. Ces grilles de tabernacle proviennent, dit-on, d'une église de Rouen. Toutefois, elles sont figurées dans l'*Album de l'Aube* de M. Arnaud.

2. Voir, sur l'histoire des autels portatifs, notre article publié dans les *Annales archéologiques*, tome XVI, page 77 et *passim*. Voir aussi dans la *Gazette des Beaux-Arts*, tome IX, notre article déjà cité sur les *Trésors de Cologne*.

3. Figuré en gravure sur bois dans la *Description de la collection Debruge* de M. J. Labarte.

du style des figures représentées sur ces pièces, d'origine certaine, doit conduire à la connaissance des autres monuments, comme les ivoires, que l'on serait tenté d'attribuer à l'art italien. Aussi doit-on attacher une grande importance à ces pièces d'orfévrerie datées et signées.

Un autre calice (n° 57) présente également un grand intérêt en ce qu'il nous montre un essai d'émail peint fait en Italie. La fausse coupe de ce calice représente plusieurs figures de saints peintes comme nos émaux limousins de la Renaissance; mais les lumières, au lieu d'être obtenues, soit par un émail parfondu d'une teinte plus claire, soit par un rehaut en or, sont produites par une application d'émail blanc, comme dans un camaïeu gouaché. Cet émail, opaque, souvent bouillonné au feu, d'un effet peu satisfaisant, a dû sembler tel aux orfèvres italiens, car, pas plus que les émaux champlevés, les émaux peints ne sont fréquents en Italie. Vendu 880 francs à M. Beurdeley.

Parmi les calices allemands du xvi° siècle, nous en noterons un (n° 68) dont le pied, la tige, le nœud et la fausse coupe sont formés de ceps de vigne enlacés et évidés, pièces de rapport d'une grande perfection de travail et d'assemblage, fabriquées dans un atelier d'où provenait un calice en tout semblable qui faisait partie de l'exposition archéologique de Vienne (Autriche). Vendu à M. Webb pour 2,200 francs.

BURETTES. Ces petits ustensiles ecclésiastiques, assez rares, n'étaient qu'en exemplaires du xv° et du xvi° siècle dans la collection; mais la richesse de la matière y rachetait le peu d'antiquité des monuments. Les numéros 65 et 64 (Debruge 905 et 904)[1] sont en cristal de roche, à pans montés en argent ciselé et doré. M. J. Labarte les attribue à un atelier français, M. Carrand à un atelier allemand. Nous pencherions plutôt vers l'opinion de ce dernier d'après la nature de l'amortissement du couvercle de l'une de ces burettes. Cet amortissement est formé d'un casque dont le cimier est le buste d'un religieux en prière, système qui est tout à fait dans les habitudes allemandes. L'une a été vendue 2,000 francs, l'autre est gardée par M. Seillière pour 1,480 francs.

Deux autres burettes en cristal de roche godronné, montées en argent émaillé et doré, ornées de figures d'anges nus sur leur anse et sur leur goulot, œuvres charmantes, mais fort peu religieuses, de la Renaissance italienne[2], accompagnent un calice (n° 60) de la même matière et

---

1. Figurés et décrits dans la *Description de la collection Debruge* de M. J. Labarte. Le numéro 904 est, en outre, gravé en grand dans l'*Album* de mademoiselle Naudet, pl. XIV.

2. Figurées dans la *Description de la collection Debruge* de M. Jules Labarte.

du même travail. Le tout a été vendu 12,400 francs à deux acquéreurs différents.

CIBOIRES. Si l'usage de conserver la réserve eucharistique dans des vases en forme de colombe n'est point indiqué par les liturgistes comme ayant été pratiqué de toute ancienneté, on trouve dans Grégoire de Tours et dans Anastase le Bibliothécaire la preuve que cet emblème de la troisième personne de la Trinité planait souvent sur les autels, et parfois sur les tombeaux. Mais c'est aux XIIe et XIIIe siècles surtout que cet usage semble s'être répandu, comme le prouvent les monuments assez nombreux qui sont parvenus jusqu'à nous[1]. Ces colombes, suspendues au-dessus de l'autel, à l'extrémité d'une crosse, et abritées parfois sous un pavillon, étaient elles-mêmes le vase où était renfermée l'hostie. Parfois elles tenaient une pyxide suspendue à leur bec[2]. Les cinq colombes possédées par le prince Soltykoff étaient elles-mêmes des vases, et l'on peut reconnaître, sur celle que nous avons dessinée et fait graver (n° 76), la petite porte qui, placée sur le dos de l'oiseau, ferme la cavité hémisphérique où était conservée l'hostie. Cette colombe, émaillée en réserve, posée sur un disque étroit suspendu au moyen de quatre branches, nous a semblé la plus élégante et la plus légère de toutes celles de la collection, généralement posées sur un plateau dont l'enceinte est tourelée et crénelée[3]. Celle-ci a été acquise par M. Ayers au prix de 1,032 francs. Les autres ont dépassé 2,000 francs.

Quinze custodes ou pyxides, destinées au même usage, faisaient partie de la collection. La plupart, semblables à celles que l'on rencontre dans presque tous les cabinets, sont composées d'un petit cylindre recouvert d'un toit conique, le tout émaillé en taille d'épargne[4]. Une autre pyxide carrée (n° 82), vendue à M. Webb pour 82 francs, émaillée de bleu, est la seule que nous ayons vue de cette forme. Une seconde (n° 79), vendue 335 fr. à M. Webb, en cuivre ciselé et gravé, circulaire comme les autres, avec un toit légèrement bombé, porte des figures de saints sur son pourtour et cette inscription : *Intus portatur per quod mundus satiatur*, qui indique clairement son usage. Un petit anneau qui garnit le couvercle

---

1. Consulter, sur cette question des ciboires, les deux mémoires de M. l'abbé Corblet : *Mémoire liturgique sur les ciboires du moyen âge*. Amiens, 1842. — *Essai sur les ciboires et la réserve eucharistique*. Paris, 1858.
2. Voir, pour ces dispositions, le *Dictionnaire du Mobilier* de M. E. Viollet-le-Duc.
3. Deux de ces colombes sont publiées en chromolithographie dans *le Moyen âge et la Renaissance*.
4. Une pyxide semblable est publiée dans la *Gazette des Beaux-Arts*, tome IV, page 304.

indique qu'elle était destinée à être suspendue, mais des miniatures du XIVe siècle montrent aussi que c'était dans des pyxides semblables que le viatique était porté aux mourants.

Nous avons dessiné et fait graver la custode n° 80, que M. Carrand croit du XIVe siècle et d'émail italien, et que M. Beurdeley a payée 830 francs. Nous ne saurions partager entièrement l'opinion de l'habile

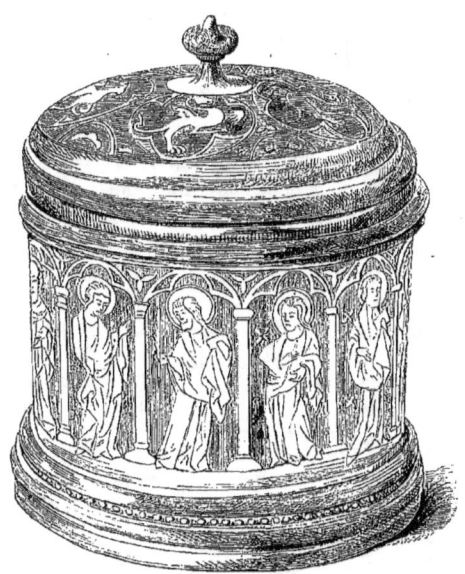

CUSTODE DU XIVe SIÈCLE

expert. Cette œuvre est certainement du XIVe siècle, caractérisé par le style de l'architecture et par l'émail rouge des fonds, employé à cette époque plus volontiers que l'émail bleu lapis du siècle précédent. Mais le style des figures n'a rien d'italien, et nous attribuerions plutôt cette œuvre à l'Allemagne, si nous nous en rapportions à un magnifique exemple d'une fabrication identique qui était à l'exposition archéologique de Vienne. C'était un ciboire exécuté en 1429 pour l'évêque Nicolas de Syendorf, abbé de Closterneuburg. Si l'on rapproche maintenant la custode que nous publions du coffret surmonté de la statue de Jeanne d'Évreux, conservée au Musée des Souverains, nous serons forcés de reconnaître que les émaux de cette espèce caractérisent plutôt le xiv° siècle en général que telle ou telle école particulière.

ENCENSOIRS ET NAVETTES. Trois encensoirs figuraient dans la collection : deux en argent, en tout semblables, ornés de fenêtrages à jour, appartenant au xv° siècle; le dernier (n° 217) sphérique, en cuivre émaillé, décoré d'appliques représentant des dragons enroulés, ornement qui semble spécial à l'un des ateliers de Limoges. Les émaux de cet encensoir sont une habile restauration due à M. Carrand, ce qui n'a point empêché M. Webb de l'acheter 900 francs.

Au xiv° siècle, ces petits vases élégants se creusent et sont munis d'un pied plus élevé qu'au xiii° siècle. Le numéro 223 est un exemple italien de cette époque, remarquable par la beauté des figures de l'Annonciation gravées sur son couvercle. L'ange et la Vierge, réservés et gravés avec une grande perfection sur un fond champlevé garni d'émail d'un ton noir-bleu, sont des plus charmants spécimens de l'art italien en même temps qu'un exemple de la façon discrète et particulière dont on employait l'émail de l'autre côté des Alpes. Celui-ci n'est qu'un fond et une niellure destinée à remplir les traits de la gravure. De là vient le nom d'*émaux de niellure,* donné par M. le comte Léon de Laborde à cette espèce d'émail, surtout particulière à l'Italie.

ALFRED DARCEL.

(*La fin au prochain numéro.*)

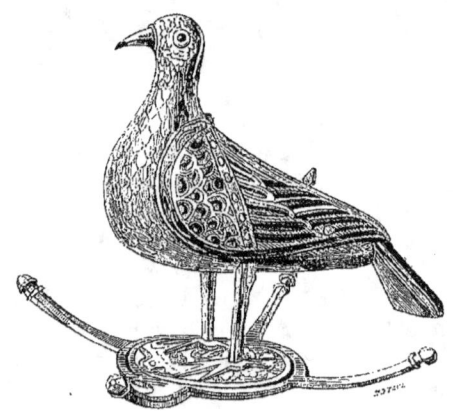

LA COLLECTION SOLTYKOFF

(*Suite et fin.*)

AGRAFES DE CHAPE. La chape primitive qui, connue aussi sous le nom de *pluvial*, était un véritable burnous avec capuchon pouvant recouvrir la tête, portait une agrafe ou fermail destiné à maintenir ce vêtement sur la poitrine. Cette agrafe en orfévrerie ou en émail, carrée ou polylobée, souvent articulée verticalement à son milieu, était chargée de représentations de saints ou de scènes religieuses. Limoges semble s'être appliqué à fournir toute la chrétienté de ces objets qui ne brillent pas toujours par le soin apporté à leur fabrication, mais qui sont intéressants pour l'histoire du costume ecclésiastique. La collection Soltykoff en possédait cinq, dont deux du XIVe siècle, de même travail que la custode que nous avons publiée. Une dernière agrafe est formée d'une platine carrée, posée en pointe accostée de quatre grands croissants qui, dessinent quatre lobes, contre-lobés par quatre autres croissants plus petits placés dans les angles rentrants des premiers. Une aigle aux ailes déployées, toute couverte de pierres fines, occupe le centre de ce magnifique bijou (n° 211, Debruge 981 [1]), acquis pour le musée de Cluny au prix de 1960 francs.

RELIURES. Ce fut un des luxes du moyen âge de recouvrir des matières les plus précieuses les textes sacrés que l'on portait et lisait en grande pompe dans les cérémonies de l'Église. L'ivoire, l'or, les pierreries, les émaux, les nielles, l'orfévrerie gravée ou repoussée, tout était mis en œuvre, et c'est grâce à l'usage que l'on en faisait pour garnir la couverture des évangéliaires que tant d'ivoires antiques nous sont parvenus. Le livre d'Anastase le Bibliothécaire est rempli de la mention de « textes » donnés par les papes aux églises de Rome, antérieurement au IXe siècle, et les bibliothèques de France et d'Allemagne possèdent

---

1. Publié et décrit dans la *Description de la collection Debruge*, de M. J. Labarte.

des reliures célèbres dont les plus anciennes datent de l'époque carolingienne. Plusieurs des ivoires de la collection devaient avoir été destinés dans le principe à garnir des livres, et quelques-uns de ses émaux de Limoges avaient aussi ce but évident. Comme le montre l'évangéliaire n° 2, encore couvert de son ancienne reliure en émail, ces dernières se composent ordinairement d'une plaque émaillée sur laquelle la Crucifixion est exprimée par les figures en demi-relief du Christ en croix, de la Vierge et de saint Jean debout à ses côtés, ou par celle du Christ glorieux, figures frappées et reprises à l'outil pour être achevées et ciselées avec soin. Une bordure saillante, également émaillée, encadre cette scène centrale. On avait aussi destiné à une reliure la plaque symbolique (n° 19, Debruge 952) dont nous reproduisons un fragment emprunté à M. J. Labarte [1].

Cette plaque, dont le sujet principal et central représente la Crucifixion et la Résurrection, est ornée de nombreuses figures qui toutes ont rapport au sacrifice du Calvaire. Ainsi, dans le fragment que nous publions, *Abel*, le premier prêtre et la première victime, portant l'Agneau, comme lui symbole du Christ, est caractérisé par le vers léonin [2] :

Hec data per justum notat in cruce victima Christum.

Melchisédech, prêtre et roi, portant le calice et l'hostie, est désigné par l'inscription léonine :

Mistica fert heros libamina rexque sacerdos.

Ce sujet, souvent reproduit sur les autels portatifs des trésors d'Allemagne, est caractéristique des tendances symboliques de cet art au XIIe siècle, et de la seconde période des émaux champlevés, celle où l'ornement seul est émaillé, tandis que le sujet est gravé sur le métal réservé. Gardée au prix de 2,120 francs par M. Seillière.

CROSSES. La collection possédait deux tau et vingt et une crosses en ivoire, série intéressante, comme nous l'avons déjà dit, par la beauté, la variété et le nombre des pièces. Forcé de nous restreindre, nous ne pouvons que renvoyer le lecteur désireux de connaître l'usage et le symbolisme des crosses à l'excellent mémoire, accompagné de planches nombreuses, que le R. P. Martin a publié dans le tome IV des *Mélanges d'archéologie et d'histoire*.

---

1. Cette plaque a été publiée avec le plus grand soin et décrite par M. Didron dans les *Annales archéologiques*. Elle est également reproduite à l'eau-forte dans l'*Album* de mademoiselle Naudet, pl. XXVI.

2. On appelle léonins des vers, fort usités au XIIe siècle, dans lesquels l'hémistiche rime avec la fin du vers.

Qu'elles soient dérivées ou non de l'ancien bâton augural, les crosses ont été de très-bonne heure le signe de la dignité épiscopale. Une variété est le tau, dont l'emploi particulier n'a point encore été clairement expliqué, et qui semble dériver de l'ancien *reclinatorium*, ou bâton à béquille, sur lequel les moines et les chanoines âgés s'appuyaient pendant la partie des offices où ils étaient obligés de se tenir debout [1].

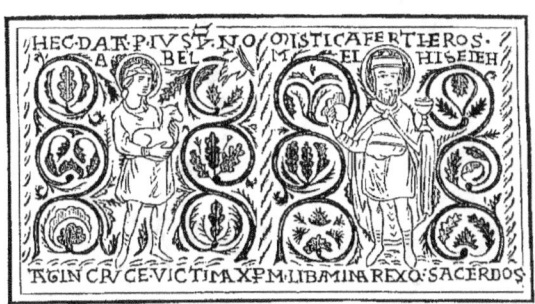

ÉMAIL CHAMPLEVÉ RHÉNAN
XII° siècle.

L'un des tau (n° 208) que possédait la collection Soltykoff est orné de la représentation des signes du zodiaque et offre cette particularité de montrer deux personnages, évêques ou abbés, armés l'un de la crosse à volute, l'autre du tau lui-même. Le second tau (n° 207, Debruge, 1479) en bois et en ivoire, œuvre italienne du XIV° siècle, porte un lion passant sur un sommet, et sur sa tige un évêque qui en consacre un autre [2]. Des pierres incrustées, des inscriptions, des gravures et des reliefs complètent cette œuvre remarquable par son style, que M. Du Sommerard a acquise au prix de 2,920 francs pour le musée de l'hôtel de Cluny. Le numéro 208 a été payé 1,300 francs par l'Angleterre.

Le symbolisme que la crosse figure est en général le combat du bien contre le mal. C'est la volute même de la crosse qui, terminée le plus souvent par une tête de dragon, est chargée de représenter le génie du mal ou Satan. C'est le sujet qui occupe le centre de la volute qui représente le principe contraire. Tantôt ce principe est exprimé par une simple

---

1. Les stalles à siége mobile, garnies, quand celui-ci est relevé, d'une miséricorde sur laquelle on est à demi assis tout en paraissant être debout, ont remplacé le *reclinatorium* des temps primitifs.

2. Figurés dans les *Mélanges d'archéologie et d'histoire*, t. IV, n°s 42 et 46.

croix qui s'enfonce dans la gueule du dragon, et cette forme semble la plus ancienne; tantôt c'est le bélier, armé de la croix, qui combat lui-même le monstre, comme sur la crosse en ivoire (n° 188)[1] que M. Carrand attribue à la Suisse italienne et au XIII° siècle. Nous avons rencontré partout de ces crosses. A Manchester on les attribuait à l'Irlande, à Vienne on les croit Allemandes; et tout ce que nous pouvons dire, c'est qu'elles sont fort barbares et probablement de l'époque romane.

Parfois c'est le lion, symbole du Christ, qui lutte avec le dragon

 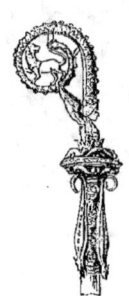

(n° 190); mais le plus ordinairement c'est l'archange Michel qui est représenté dans ce combat où il reste vainqueur (n°s 192 et 195, Debruge 683). Ces crosses en émail de Limoges, que nous empruntons au *Manuel d'Orfèvrerie* de M. Didron, sont les exemples les plus ordinaires et les plus complets de ces charmants ustensiles. La volute, peu développée, est d'habitude émaillée de bleu, et garnie de crochets feuillagés à l'extérieur. Le nœud, en cuivre fondu ou frappé, et repercé à jour, montre une série de dragons s'enchaînant les uns aux autres. Ce sont les *catenati dracones* dont parle le moine Théophile dans son *Traité sur les divers arts*. — Sur la douille, ornée d'habitude de fleurs émaillées, rampent trois dragons qui semblent fuir, prévoyant l'issue du combat que livre le dragon de la volute. Parfois c'est la Vierge qui écrase elle-même la tête du dragon, qu'on la représente recevant la salutation angélique (n° 196), ou couronnée par le Christ (n° 198), ou trônant glorieuse (n° 194), ou priée (n° 197) par l'abbé propriétaire de la crosse[2].

1. Figuré dans les *Mélanges*, t. IV, n° 58.
2. Figurée dans les *Annales archéologiques*, tome XIX.

Une crosse magnifique (n° 199), tout ornée d'appliques d'émaux de basse taille, provenant du même atelier que la belle crosse de la cathédrale de Cologne, est datée de l'année M.CCC.L.I., et porte également dans sa volute, à genoux aux pieds de la Vierge, l'abbé mitré qui l'a donnée. Le même sujet décore la crosse suivante (n° 200), qui appartient au même art et probablement à la même époque[1]. La première a été payée 8,650 fr., la seconde 4,000 francs par M. Webb, pour l'Angleterre. Mais à mesure qu'on s'avance dans le moyen âge, le symbolisme s'efface peu à peu. Ainsi le dragon a complétement disparu des deux crosses que nous venons de citer, comme il disparaît de la belle crosse en ivoire (n° 204)[2] dont la volute richement feuillagée est supportée par un ange auprès duquel est agenouillé un abbé en prière, portés tous deux par le bouton percé d'arcatures à jour. Le Christ en croix, entre la Vierge et saint Jean, occupe d'un côté le vide du crosseron; de l'autre la Vierge est debout entre saint Jean-Baptiste et un évêque, disposés de telle façon que les figures de l'un des côtés correspondent à celles de l'autre côté qu'elles cachent. Gardée pour 1,730 francs par M. Seillière.

Si le XII° et le XIII° siècles, abandonnant parfois le symbolisme, se sont contentés de décorer de feuillages d'un très-grand style leurs crosses en cuivre émaillé (n° 193) ou en ivoire, le XV° siècle et la Renaissance n'ont plus guère songé à la signification qu'on devait apporter aux différentes parties de ce signe du pouvoir épiscopal. Ainsi, ce n'est plus qu'une simple figure de saint, celle de saint Hubert, qui occupe la volute de la magnifique crosse de la Renaissance en cuivre fondu, doré et ciselé (n° 205)[3], achetée 2,140 francs par M. Delange.

Plus tard, on a abandonné les dimensions exiguës de cet insigne éminemment portatif, et sa forme élégante, pour se livrer à toutes les exagérations du contourné et du rococo, exagérations fort laides et fort gênantes, que l'on abandonne peu à peu pour rentrer dans la raison et dans la tradition.

CROIX DE CONSÉCRATION. Il est d'usage de figurer sur les murs des églises douze croix, symbolisant les douze apôtres, de les enduire de saint chrême lors des cérémonies de la consécration, et d'allumer de petits cierges devant elles[4]. Parfois ces croix sont tenues dans les mains

1. Figurées dans les *Mélanges*, t. IV, n°s 426 et 445.
2. Figurée dans les *Mélanges*, t. IV, n° 442, et en chromolithographie dans *le Moyen âge et la Renaissance*.
3. Figurée dans les *Mélanges*, t. IV, n° 449.
4. Voir au Musée du Louvre le tableau de Lesueur représentant la consécration d'une église.

des apôtres eux-mêmes, peints comme elles sur les murs de l'église (Plailly, Seine-et-Oise). Parfois elles timbrent des disques tenus par les statues de ces apôtres, comme à la Sainte-Chapelle de Paris et à la Sainte-Chapelle d'Aix. Ces disques crucifères sont en pierre dans les deux monuments que nous venons de citer, mais leur ressemblance avec ceux en cuivre doré et émaillé de la collection Soltykoff (n° 208 *bis*) nous fait penser que ces derniers sont des croix de consécration.

La croix et l'orle du disque sont en émaux rhénans champlevés, représentant des dessins géométriques d'une grande perfection de travail. Les quatre secteurs compris entre les branches de la croix et la bordure sont en cuivre repoussé, ciselé et doré. Ce sont de simples ornements très-vigoureux et d'un style excellent, mais l'Exposition de Vienne possédait un disque, privé malheureusement de ses émaux, dont les secteurs représentaient les sujets symboliques de la Résurrection, comme l'aigle volant vers le soleil, le lion ranimant ses petits. Ce disque devait être porté par saint Jacques le Mineur, l'apôtre à qui l'on attribue le plus communément le verset du *Credo* qui a trait à la Résurrection. M. Seillière, acquéreur et vendeur, comme on sait, de la collection Soltykoff, a gardé ces deux croix au prix de 3,150 francs, ce qui nous fait espérer qu'elles ne sont perdues ni pour la France ni pour nos musées.

Nous nous apercevons un peu tard que nous nous sommes laissé entraîner, par la richesse et la variété du sujet, au delà des limites que nous aurions voulu nous imposer; aussi nous demandons la permission de traiter d'une façon plus brève et plus sommaire les parties beaucoup plus connues qui complétaient la collection Soltykoff.

OUVRAGES EN FER. Trois ouvrages en fer attireraient à juste titre l'attention dans la collection Soltykoff; c'étaient une toilette, une table et un cabinet (n°s 332, 333, 334, Debruge 819, 820, 821). La toilette se compose d'un miroir monté dans un riche encadrement architectural, décoré de niches, de pilastres, de frontons, de consoles et de statues, lequel est porté par un pied formé d'enroulements entre-croisés sur un coffret garni de consoles sur ses angles [1]. Ce n'est point tant la forme qu'il faut admirer dans ce meuble que le détail des damasquinures qui en décorent toutes les parties. La forme n'est point assez simple, et le pied est fort critiquable au point de vue du goût, car il ressemble à une réunion de feuilles flexibles plutôt qu'à un support solide. Ce défaut, qui est amplement racheté par le grand goût, la finesse et la perfection des arabesques damasquinées en or sur le fer, n'a point empêché un des musées anglais de payer cette toilette au prix énorme de 30,500 francs.

1. Figurée dans la *Description de la collection Debruge*, de M. J. Labarte.

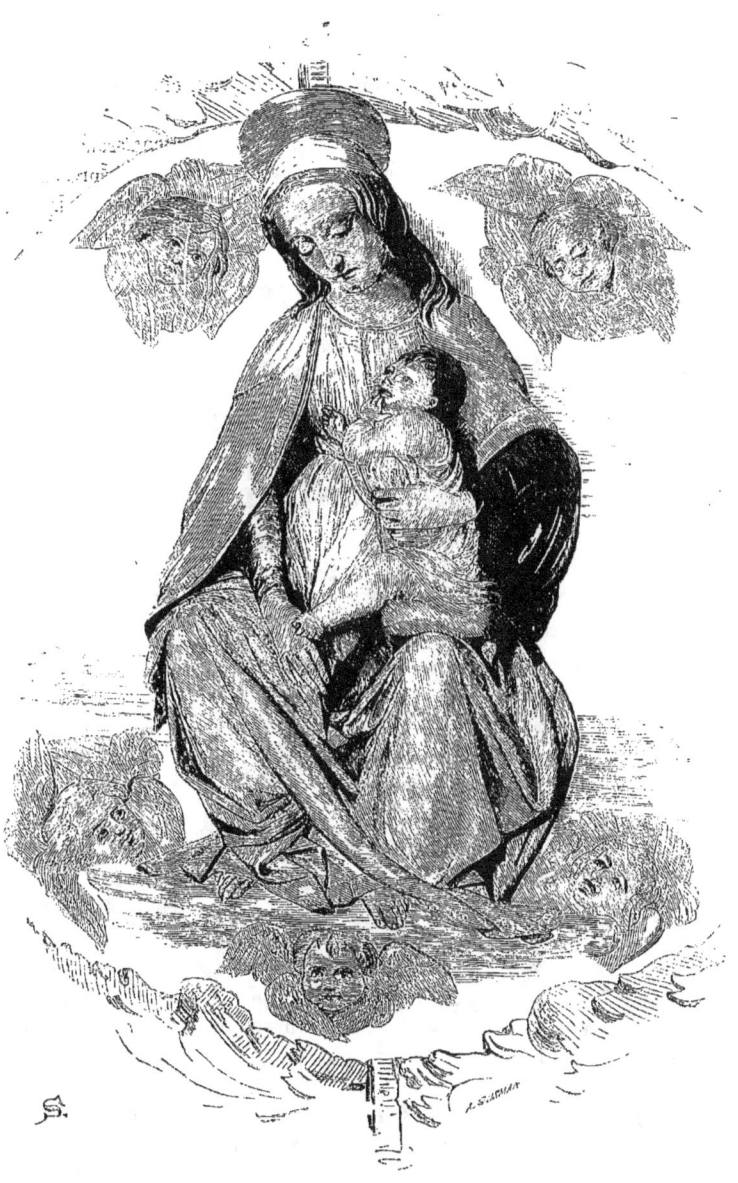

VIERGE AVEC L'ENFANT JÉSUS
Faïence émaillée d'Andrea della Robbia.

La table, formant échiquier, est de même travail, et de plus incrustée de lapis-lazuli. Elle a été vendue 20,000 francs.

Quant au cabinet, il représente bien l'esprit de la Renaissance[1]. A la surface, ce sont des bas-reliefs en fer ciselé et damasquiné, représentant l'Ascension et la Pentecôte. D'un côté se tient debout la statue de David, de l'autre celle de Moïse. Jésus-Christ domine le tout. Mais levez le

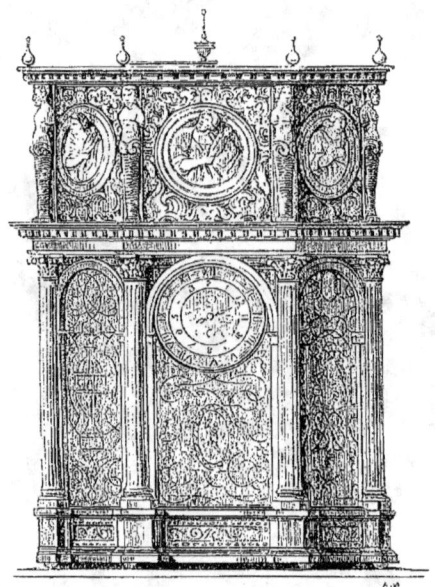

HORLOGE DU XVIᵉ SIÈCLE.

dôme qui recouvre le monument, c'est une horloge que vous y découvrirez; abaissez une des plaques, c'est un miroir qui apparaîtra d'un côté, tandis que l'autre plaque vous laissera voir un petit oratoire. D'un travail moins fin que les deux pièces précédentes, ce cabinet est monté cependant à 19,900 francs.

Une grande cassette (n° 348), toute revêtue de plaques de fer repoussé en capricieuses arabesques, a été vendue 6,400 francs à M. Beurdeley.

Les pièces d'horlogerie de la collection Soltykoff étaient célèbres, et

1. Figuré en lithographie dans *le Moyen âge pittoresque* de Veith et Hauser.

elles ont été décrites avec une science toute spéciale par M. P. Dubois dans un livre magnifiquement et très-exactement illustré par M. Racinet fils. Ce catalogue, qui est le premier et l'unique de tous ceux que le prince avait entrepris de faire publier, nous dispense de parler de cette section qui contenait une foule d'œuvres charmantes. Nous noterons seulement l'horloge (n° 388, Debruge 1446) que nous publions, et dont nous devons la gravure à M. J. Labarte. C'était un chef-d'œuvre de damasquinerie, et M. Seillière l'a retirée pour 7,600 fr.

FAÏENCES ITALIENNES. On nous permettra de passer rapidement sur cette partie de la collection qui, bien qu'elle renfermât 106 pièces de choix, n'en était pas la partie saillante. Nous noterons en tête un bas-relief circulaire (n° 767) que l'on peut être tenté d'attribuer au chef de la nombreuse famille des della Robbia. Le charme répandu sur le visage de la Vierge, la beauté et la chaste élégance du corps et des draperies nous font penser que cette terre émaillée appartient encore au xve siècle italien et peut sortir des mains de Luca lui-même. Mais M. H. Barbet de Jouy, qui a fait en Italie une étude très-approfondie de l'œuvre de la famille entière[1], attribue généralement à Andrea les bas-reliefs émaillés de couleurs naturelles comme celui-ci et entourés de figures de séraphins ou de feuillages abondants. Qu'il soit de Luca ou d'Andrea, ce bas-relief est un chef-d'œuvre que nous avons tenu à publier, bien que les gens qui ont fait tant de folies pour des œuvres dont le plus grand mérite est d'être à la mode l'aient laissé à M. Malinet pour 1,960 francs. Mais parlez-nous des plats à reflets métalliques qui ne donnent tous leurs feux qu'à l'œil placé de telle sorte qu'il ne puisse voir le sujet qui y est représenté. A ceux-là les honneurs des enchères, et ce n'est pas trop de 2,900 francs la pièce pour les obtenir. Il est vrai que les deux plats (n°^{s} 697 et 698) qui l'un et l'autre ont été payés ce prix portaient la signature de Francesco Xanto, que leurs sujets étaient dessinés avec une fière tournure, et que l'iris en était éblouissant. Pour nous, nous eussions préféré un plat plus modeste (n° 667), légèrement peint en jaune clair rehaussé de bleu, et représentant Andromède liée, non pas au rocher, mais au tronc d'un arbre, tandis que Persée la délivre du dragon. La figure, dessinée d'après quelque composition de Francia, était d'un charme et d'un style qui faisaient penser à ce plat des *Trois Grâces* que M. Roussel vendit un jour 12,000 francs. Ce plat est resté pour 350 francs à M. Weyl. Heureux M. Weyl!

Mais j'empiète sur le domaine de mon ami Ph. Burty, et tandis que, de la plume qu'il manie si bien, je m'essaye à donner sur les doigts des

---

[1]. H. Barbet de Jouy, *les Della Robbia*, 1 vol. in-18. Renouard; Paris, 1855.

amateurs, j'oublie que les lignes succèdent aux lignes, et que j'ai encore beaucoup à dire et peu de place pour le faire.

Je laisse donc de côté les aiguières de Faenza et d'Urbino, et les bassins d'Urbino, et les plats hispano-arabes d'un décor si fier et si brillant.

VERRERIE DE VENISE. Cette division contenait 86 pièces. Parmi les plus remarquables par leur ancienneté, nous citerons deux larges verres cylindriques à pied (n°ˢ 808 et 809, Debruge 1269 et 1274), l'un en verre bleu craquelé d'or, orné d'une frise émaillée, l'autre en verre vert, portant deux bustes en médaillons entourés chacun d'une couronne de feuillage soutenue par des génies. Ces verres, émaillés pendant la seconde moitié du xv siècle, représentent un art disparu, ce qui, plus que leur beauté, fait sans doute le prix qu'on les paye aujourd'hui. M. le duc d'Aumale a acheté le premier pour 4,000 francs, et M. Webb le second pour 5,900 francs.

Un troisième gobelet, en verre opaque sur un pied blanc (n° 850), décoré d'imbrications dorées, outre ses médaillons émaillés, appartenait au même art, ce qui lui a valu d'être payé 4,200 francs.

D'autres gobelets plus simples (n°ˢ 810-811), ornés d'imbrications dorées, sont une transition entre ces œuvres émaillées et le verre uni ou décoré dans la pâte. Aussi les fait-on encore monter à 3,700 et à 2,875 fr.

Nous nous extasierons maintenant autant qu'on le voudra, pourvu que ce ne soit pas pendant longtemps, sur la pureté de forme, sur la régularité du filigrane, sur l'élégance du galbe, sur la délicatesse des supports, sur la légèreté de toutes ces pièces fragiles que Murano a fabriquées pendant le xvi siècle. Nous apprécierons à une moindre valeur ces grands bassins en verre incolore dont le revers est peint de sujets plus ou moins réussis, véritables fixés à l'huile, qui ne sont qu'un supplétif des émaux appliqués sur le verre, dont nous parlions plus haut.

Une grande bouteille à panse écrasée, lenticulée, emmanchée d'un long col, en verre incolore aux tons un peu ambrés, émaillée de bleu, de jaune et de vert, couverte d'un semis de fleurs, pièce à physionomie orientale, représentait dans la collection l'art arabe du moyen âge. Le catalogue l'attribue au xv siècle, mais nous n'avons aucune crainte de la croire d'au moins un siècle plus ancienne, car le trésor de l'église Saint-Étienne de Vienne possède, depuis le xiv siècle, deux vases semblables par le décor, dans lesquels de la terre sainte, rapportée d'Orient, a été conservée jusqu'à nos jours. Ce beau vase (n° 835) est monté à 5,000 francs.

ÉMAUX PEINTS. L'histoire de l'émaillerie peinte était écrite en aussi magnifiques exemplaires que l'était l'émaillerie champlevée des bords

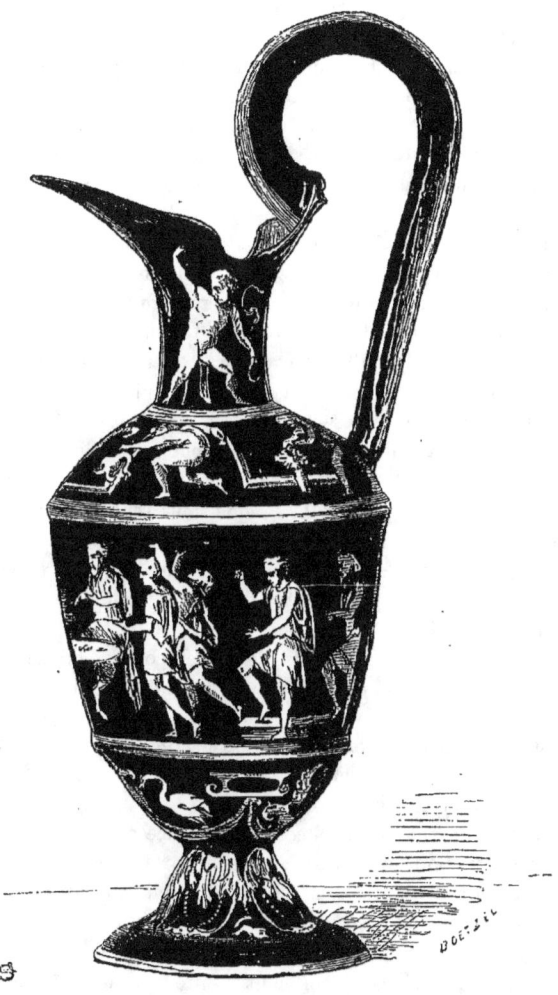

AIGUIÈRE ÉMAILLÉE
Par Jean Pénicaud.

du Rhin et des bords de la Vienne. Il n'y avait qu'une cinquantaine de pièces, mais toutes du plus excellent choix, et marquées des poinçons, des monogrammes ou des signatures des plus célèbres d'entre les émailleurs de Limoges. Ainsi, parmi les plaques à sujets religieux, nous notons une Flagellation (n° 263) appartenant encore à l'art primitif de l'émaillerie peinte, par ses chairs saumonées, ses draperies brunes et son dessin encore gothique. Elle est signée *Johannes Pénicaud*, du nom du chef de cette famille célèbre. Aussi M. de Cambacérès a payé 5,000 francs cette signature.

Un grand tableau (n° 266, Debruge 726), composé d'une plaque centrale représentant l'Assomption entourée d'une bordure en bois encastrant des sujets de la vie du Christ [1], était une œuvre exquise poinçonnée au revers des deux lettres L. P., marque de Léonard ou Nardon Pénicaud. Sir Altenborough a payé 20,000 francs cette œuvre remarquable.

La vaisselle d'émail renfermait un plat magnifique (n° 473, Debruge 699) de Jean Pénicaud, représentant les *Noces de Psyché*, d'après Raphaël, dessinées avec ce grand style, ce large modelé, ces lumières vives sortant du noir, qui sont comme la caractéristique de cet artiste. Une aiguière du même émailleur (n° 472), que nous reproduisons, fera comprendre mieux que toutes les descriptions les qualités particulières à cet artiste et l'élégance des vases sortis des ateliers de Limoges. Cette aiguière a été adjugée pour 16,000 francs à M. Roussel, expert, qui l'a réunie au plat payé 21,000 francs.

Notons en passant des grands plats, des coupes, des aiguières, des assiettes, des salières, fabriqués par Rexmond, par Courteys, par Suzanne de Court, pour arriver à une merveille, un coffret (n° 351) orné de cinq plaques portant le monogramme de Martin Didier, et payé 28,000 fr. Jamais l'émail, croyons-nous, n'a revêtu une glaçure plus brillante et plus harmonieuse tout ensemble.

A la veille de vendre sa collection, le prince avait acquis deux flambleaux de Jean Courteys, dont les pieds portent les travaux d'Hercule peints sur leurs bossages, dont la bobèche quatrilobée, ornée de « moresques » d'or sur un fond noir, est portée sur un balustre décoré d'entrelacs blancs. Ce sont de fort belles pièces; quoique la couleur blanche de leur tige forme un disparate un peu trop prononcé avec le ton général du pied et de la bobèche, et M. de Saint-Seine les a payés 29,900 francs, pour les réunir à deux salières hémisphériques sur pied à balustre, payées

---

[1]. La plaque inférieure, représentant la Flagellation, avait été rapportée et n'est point de Pénicaud.

20,000 francs, et à une aiguière à deux anses, du même émailleur et peut-être du même service, qui est montée à 19,900 francs.

Les portraits en émail n'étaient pas une des parties les moins intéressantes de la collection; l'on y admirait de fort belles œuvres de Léonard Limosin, et non pas « Léonard de Limoges, » comme le catalogue l'a imprimé à tort. Les deux portraits de François Ier et de Claude de France (n°s 1040-1041, Debruge 700-701), qui étaient en émail ce que sont dans un autre genre les crayons des Clouet et des Dumonstier, des merveilles de finesse, de naïveté et de simplicité tout ensemble, sont restés à M. Seillière pour la somme modeste de 50,000 francs!! Les portraits jumeaux d'Érasme et de Luther étaient modelés à plus de frais. Ils n'ont été vendus, le premier que 14,000 francs, le second 12,000.

FAÏENCES FRANÇAISES. Nous notons ici seulement pour mémoire les cent trente pièces, plats, assiettes, salières, groupes et statuettes de Bernard Palissy que contenait la collection. Décrire quelques-unes des pièces si connues du célèbre potier ne servirait à rien. Le chiffre que nous indiquons suffit seul pour montrer l'importance de cette division qui contenait souvent plusieurs exemplaires de la même pièce, différant seulement par la couleur de l'émail. Nous signalerons seulement deux moulages du plat de Briot, où la finesse des figures disparaissait un peu sous le diapré de l'émail. L'un (n° 539) a été vendu 10,000 francs à M. Lafaulotte; l'autre (n° 540) 4,800 francs à M. Roussel.

Les deux seules pièces qui représentaient dans la collection la faïence de Henri II ne sont point des plus belles. La salière (n° 651) est hexagone et de la forme ordinaire, le drageoir (n° 652) est une coupe à couvercle de forme ovale, ornée d'anses, de mascarons, de nielles du style et de la couleur habituels. L'Angleterre, soucieuse de donner à ses potiers déjà si habiles des modèles de ce que la céramique de la Renaissance a produit de plus intéressant ou de plus parfait, a payé ces deux terres de pipe au prix respectable de 16,300 francs.

Presque tous ces émaux, toutes ces faïences étaient montés dans des cadres dont plusieurs étaient des merveilles et la plupart des imitations d'œuvres de la Renaissance faites avec un grand bonheur par M. Vitel, qui n'a presque jamais cessé de donner ses soins à la collection et de concourir à son agrandissement et à sa restauration.

C'étaient les meubles et les bois sculptés qui formaient surtout le département de M. Vitel, et la collection pouvait présenter à cet égard un certain nombre de pièces hors ligne, tant en retables sculptés de scènes populaires du xve siècle, qu'en crédences et en armoires françaises du xvie siècle, et en chaises et fauteuils italiens de la même époque, les uns en bois simplement sculpté, les autres incrustés d'une marqueterie d'ivoire et d'étain.

Quelques vitraux du xv° siècle, où l'on voit des hommes d'armes tenant des étendards armoriés; une série de panneaux de la Renaissance peints en grisaille de scènes de l'histoire sainte abritées sous de riches et élégants portiques en jaune d'impression, représentaient cette branche importante de l'art décoratif, avec un beau vitrail du xiii° siècle allemand sur lequel est figuré le martyre de saint Laurent.

En arrivant, à la hâte et non sans peine, au terme de la revue que nous avions entreprise de tant d'œuvres si péniblement rassemblées, et si vite dispersées, il nous semble sortir de la réalité pour entrer dans un rêve, un mauvais rêve, il est vrai. Bien que nous ayons sous les yeux le catalogue de la vente avec les prix des enchères et les noms des acquéreurs, nous ne pouvons croire encore que notre gouvernement ait laissé partir, sans en retenir la plus grande partie, cette collection du prince Soltykoff. Il nous semble impossible que parmi ses conseillers, où nous comptons des maîtres en archéologie, il ne s'en soit pas trouvé d'assez osés pour user de leur influence, prodiguer leurs conseils et leurs sollicitations, et faire entendre leurs voix si autorisées. Il nous répugne de croire à une indifférence coupable, car on aura des regrets un jour, lorsqu'il faudra payer en détail et au décuple une partie de ce qu'on eût pu posséder tout d'un coup, et c'est d'avoir eu trop peu de courage qu'il faudra se repentir alors. Mais le mal est fait, il est grand, il est peut-être irréparable.

ALFRED DARCEL.

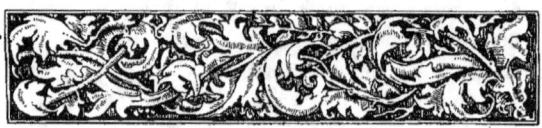

VENTE DE LA COLLECTION SOLTYKOFF (FIN)

Nous donnons aujourd'hui la fin de la vente Soltykoff. Elle a produit près de 1,800,000 francs, et prendra rang dans les annales de la curiosité. La France a pu garder quelques-unes des pièces hors ligne, mais en résumé c'est l'Angleterre qui a puisé le plus largement dans cette réunion presque sans précédent d'objets intéressants à tous les titres. Nous le répétons, nous regardons la dispersion de cette collection comme une perte irréparable pour les matériaux figurés de l'histoire de la société au XVIe siècle. M. Darcel développe ici près la pensée que nous ne faisons qu'indiquer, mais que partagent tous ceux qu'intéressent les questions de principe.

Calice en cristal de roche, taillé en spirales godronnées, monté en argent richement émaillé et doré de basse-taille à fleurs et feuillages, avec la patène en argent gravé et émaillé de basse-taille. Haut. 24 cent., larg. 18 cent. 4,900 fr.

Deux *burettes* également en cristal de roche, godronnées, montées et émaillées de même que le calice, dont elles sont l'accompagnement. Travail allemand de la fin du XVIe siècle. (Collection Debruge, n° 943.) Haut. 15 cent. 7,700 fr.

Croix en cristal de roche offrant le Christ et les Évangélistes, gravés en creux, avec monture en argent doré. Le pied, de forme triangulaire, surmonté d'un balustre sur lequel repose la croix, est en argent doré, orné d'arabesques émaillées de basse-taille, et enrichi de plaques en cristal de roche, dont trois sont gravées et représentent des sujets tirés de la vie du Christ. Haut. 77 cent., larg. 25 cent. 1,950 fr.

Châsse en émail d'épargne, décorée antérieurement de sujets tirés de la vie du Christ, placés sous des arceaux dont le fond bleu est semé de fleurs de lis. Le revers, à compartiments bleus et rouges, est également semé de fleurs de lis; la galerie est à colonnettes supportant des arceaux à ogives. Ouvrage de Limoges, XIVe siècle. Haut. 20 cent., long. 24 cent., larg. 10 cent. 1,300 fr.

Ossuaire d'argent en partie doré, de très-belle architecture de gothique flamboyant, enrichi de plusieurs figures. Ouvrage allemand du commencement du XVIe siècle. Haut. 53 cent., larg. 43 cent., épaiss. 13 cent. 2,760 fr.

Crosse en argent doré et ciselé. Le centre de la volute représente l'abbé en prières devant la Vierge; le nœud, d'architecture demi-gothique, demi-renaissance, contient des statuettes de saints et de saintes sous des archivoltes. Son encorbellement présente plusieurs blasons, parmi lesquels deux de Montmorency. La hampe, également d'argent doré, est semée de France dans toute sa longueur. Haut. de la crosse, 38 cent., haut. totale, 1 mètre 96 cent. 2,501 fr.

Tau ou plutôt *férula* en bois et ivoire, sculpté et orné de cabochons d'émail de diverses couleurs. Le transept est formé d'un lion de ronde bosse de très-curieux style; la tige qui soutient l'encorbellement sur lequel repose le lion est d'ivoire, et représente, dans son développement, un pape, la tiare en tête et assis sur un siège semé de France, donnant la bénédiction apostolique à trois évêques agenouillés. Le nœud qui termine le bas du monument est en buis. Il contient douze têtes de ronde bosse, qui représentent les apôtres. On y lit aussi plusieurs inscriptions. Ouvrage du XIIIe siècle. (Collection Debruge, n° 1,479.) Haut. 32 cent. 2,920 fr.

Tableau formant à deux volets, peint en couleur. Le milieu représente le Calvaire, en peinture rehaussée d'or; les volets, en trois registres chacun, contiennent des sujets de la vie du Christ. Ce bel émail peut être attribué à Léonard Pénicaud. Monture en bois doré. Haut. 31 cent., larg. 54 cent. 9,999 fr.

Coffret oblong, avec couvercle en bahut de forme prismatique, en émail de couleur peint sur paillon, monté en cuivre doré et ciselé. Il se compose de douze plaques, dont dix représentent des épisodes de l'Ancien Testament. Les deux extrémités du coffre présentent des figures d'enfants soutenant des cartouches sur lesquels on lit le nom des livres d'où les sujets ont été tirés. Ouvrage de Jean Pénicaud, de Limoges. Haut. 11 cent., larg. 17 cent. sur 11 cent. 15,450 fr. — Autre *coffret* de même forme; monture analogue, peint en grisaille teintée, par le même artiste. Il se compose aussi de dix plaques, présentant les bustes des douze Césars enfermés dans des couronnes de laurier, supportées chacune par deux petits génies variés d'attitude. Les deux tympans trapézoïdes des extrémités du couvercle contiennent aussi des figures d'enfants qui tiennent un crâne surmonté d'une banderole sur laquelle on lit : *Memento mori dico*. Haut. 11 cent., larg. 17 cent. sur 11 cent. 13,500 fr. — Grand *coffret* de forme cubique oblongue, en émail peint en grisaille sur fond d'or, monté en bois doré. Il se compose de cinq plaques principales représentant l'histoire de Phaéton. Ces panneaux sont encadrés par des frises et pilastres également peints en grisaille sur fond vert. Ce coffret est l'œuvre de Martin Didier, de Limoges, dont la signature, disposée ainsi comme à l'ordinaire : M. D. I. Pape, se voit sur un des panneaux. Haut. 28 cent., larg. 40 cent. sur 30 cent. 28,000 fr.

Miroir de poche en ivoire complet de ses deux valves, représentant diverses scènes de guerre ou de galanterie tirées des romans de chevalerie. 1,480 fr.

Coupe avec pied à balustre et couvercle, peinte en grisaille. L'intérieur représente Joseph devant Pharaon, expliquant son songe; le reste de la coupe contient les autres épisodes de l'histoire de Joseph. Ouvrage de P. Rexmond, de Limoges. Haut. 25 cent., diam. 17 cent. 4,650 fr.

Vase à deux anses (à fleurs), décoré en grisaille, représentant, sur le bas de la panse, Apollon et les Muses; au-dessus, des scènes de chasse. Ouvrage de Pierre Rexmond, parfaitement conservé. Haut. 25 cent. 5,940 fr.

Portrait de Louis de Bourbon, duc de Montpensier. Peinture carrée en émail de couleur par Léonard, de Limoges. Cadre sculpté et doré. Haut. 49 cent., larg. 44 cent. 40,000 fr. — *Portrait de Jean, duc de Bourbon*. Émail de même forme et grandeur, par le même. 17,770 fr. — *Portrait de Catherine de Lorraine, duchesse de Montpensier*. Émail de même forme, par le même. Catalogue Debruge, n° 706. Haut. 29 cent., larg. 24 cent. 14,500 fr.

Horloge astronomique de forme carrée, flanquée de quatre pilastres et surmontée d'une coupole de même forme en cuivre doré, gravé et ciselé. Elle porte sur une face un planisphère céleste recouvert d'un réseau mobile qui sert d'indicateur pour le passage des étoiles et des constellations; deux aiguilles fixées au centre indiquent, l'une le mouvement diurne du soleil, et l'autre les phases et l'âge de la lune. La face opposée présente deux cadrans concentriques : l'un pour indiquer l'heure, l'autre pour régler un réveil. Ouvrage de Nuremberg de la première moitié du XVI° siècle. Haut. 35 cent., larg. 24 cent. 5,200 fr.

Montre en cristal de roche, forme ovale, montée en or émaillé et enrichie de diamants; le cadran est également émaillé de diverses couleurs; sur la sertissure du couvercle on lit cette inscription : *Tempus edax rerum tacitisque senescimus annis*. Et dessous : *Tempora preterunt more fluentis aquæ.* Cette belle et rare montre est un ouvrage français du xvie siècle. 3,010 fr.

Montre ayant la forme d'un fruit, en or émaillé, enrichie de diamants tables et de grenats ; le cadran et l'intérieur de la boîte sont richement décorés d'émaux translucides. Ouvrage anglais du xvie siècle. 1,220 fr.

VENTES PROCHAINES

Le 22 de ce mois, une vente très-modeste réunira, dans la salle n° 8, à l'hôtel Drouot, les amateurs intelligents qui recherchent les jouissances de l'art moins dans la conservation des estampes que dans leur intérêt intime. Ils trouveront dans ces cartons d'artiste une suite de cent pièces de l'école de Fontainebleau, des échantillons choisis dans toutes les écoles, et, parmi ces maîtres modernes pour lesquels la justice commence à se faire, des croquis de M. Gigoux, quelques Decamps, entre autres l'eau-forte des *Chiens au chenil,* et les eaux-fortes de Raffet qui n'avaient point été acceptées par l'éditeur, et qui sont de petits chefs-d'œuvre.

PH. BURTY.

Les concours régionaux d'agriculture, par une conséquence que ne prévoyaient pas leurs fondateurs, se sont trouvés provoqués de toutes parts à des expositions d'art et d'archéologie. Il en fut ainsi à Amiens l'an dernier ; ainsi en sera-t-il cette année à Rouen.

Les promoteurs de cette exposition ont pu obtenir d'inaugurer ainsi la magnifique salle des assises que M. E. Desmarest vient de restaurer complétement, et tout fait espérer que les objets offerts à la curiosité intelligente du public seront dignes de la beauté du local.

M. André Pottier, secrétaire du comité et organisateur de cette solennité artistique, nous écrit que des révélations inattendues sortent des anciens hôtels de la noblesse et de la bourgeoisie rouennaise, et nous sommes certains de trouver dans la salle des assises l'ancien art de la faïence rouennaise représenté d'une façon aussi splendide que complète, quand même la collection particulière de M. A. Pottier y figurerait seule. L'exposition, qui ouvrira le mercredi 22 mai, sera close le dimanche 9 juin. A. D.

— La ville de Nantes prépare, pour le mois de juillet prochain, une exposition de peinture et de sculpture qui paraît devoir être des plus intéressantes.

Les tableaux et les morceaux de statuaire ne seront admis à cette exposition qu'à la condition d'être adressés à la commission par leurs auteurs ou par des personnes expressément autorisées par eux.

La commission se propose d'acheter des œuvres d'art, au profit de la loterie qui sera tirée à l'issue de l'exposition, jusqu'à concurrence d'une somme de 20,000 francs. D'autre part, le musée de Nantes, déjà si bien pourvu en productions de l'école moderne, fera sûrement des acquisitions importantes, et cet exemple sera sans doute suivi par les amateurs de la ville, qui se montrent en toutes circonstances si ingénieusement favorables aux intérêts de l'art et des artistes.

Du reste, la ville de Nantes voulant faire toutes choses de manière à s'assurer le concours d'un grand nombre d'artistes, a décidé qu'un prix d'honneur de 3,000 francs serait accordé à l'auteur de la meilleure toile ou de la meilleure statue de l'exposition. Cette mesure ne peut que contribuer puissamment au succès de l'exposition que nous annonçons.

Ouvrant *vingt jours* après la fermeture du Salon de Paris, l'exposition de Nantes pourra recevoir les peintures qui auront été exposées au palais des Champs-Élysées. Mais nous espérons qu'elle n'en sera pas seulement une seconde édition, et qu'elle brillera surtout par des œuvres originales et nouvelles.

— Le musée de l'hôtel de Cluny vient de s'enrichir de deux figures en marbre blanc exécutées pour le duc Philippe le Hardi, dans les dernières années du XIVe siècle, par Claux Sluter, sculpteur hollandais qui devint en 1390 ymaigier du duc de Bourgogne. Ces deux statues ont fait partie de la collection Rattier; c'est à la mort de cet amateur qu'elles passèrent dans les mains du duc d'Hamilton qui s'en dépouille aujourd'hui en faveur de l'hôtel de Cluny, don d'autant plus précieux que déjà en 1845 M. Du Sommerard y avait placé les sœurs mêmes de ces statues, acquises par lui lors de la dispersion du cabinet Baron.

— M. Jollivet, peintre d'histoire, vient de répondre, par une brochure que nous devons signaler à nos lecteurs, à la mesure brutale dont les peintures décoratives sur lave du porche de Saint-Vincent-de-Paul ont été récemment l'objet. Nous ne saurions, à notre grand regret, le suivre dans les développements qu'il a donnés avec une érudition remarquable à l'histoire morale de la peinture religieuse; les opinions des Pères de l'Église, l'ancienneté de l'usage, les empiétements successifs du prêtre sur le génie et la liberté de l'artiste, sont passés en revue et discutés dans le premier chapitre; le second traite de la peinture religieuse à l'extérieur des églises et de l'intérêt de la peinture en émail sur lave. Enfin, le troisième revendique les droits des artistes vis-à-vis des commissions administratives ou des influences béates avec une netteté, une indépendance auxquelles nous ne pouvons qu'applaudir.

Les peintures de M. Jollivet ne sont point ici en cause. On n'a point argué de leur défaut ou de leur insuffisance. Après avoir discuté et accepté ses esquisses, après avoir assisté pendant plusieurs années à leur élaboration, après les avoir fait mettre en place et disposer aux yeux de la foule, on a brusquement changé d'avis. Sans égard pour un artiste respectable et convaincu, on a arraché ces panneaux de la place qu'ils occupaient et on a dispersé, sans même en prévenir l'artiste, dans des endroits isolés une suite destinée à se compléter par elle-même. Ce fait soulève des questions du plus haut intérêt. M. Jollivet les a toutes abordées avec une franchise, un tact et une modération rares. Les droits des artistes sont si obscurs, si mal délimités, il y a si peu d'unité et si peu de cohésion chez les membres épars de leur grande famille que nous savons gré à M. Jollivet de son courage, plus rare en France que l'on ne pense, à défendre sa propre cause, et d'ailleurs, ainsi que le répète la dernière ligne de sa brochure [1], « une injustice faite à un seul est une menace pour tous. »

---

[1]. *De la peinture religieuse à l'extérieur des églises, à propos de l'enlèvement de la décoration extérieure du porche de Saint-Vincent-de-Paul*, par Jollivet, peintre d'histoire. Paris, 1861.

Le directeur : ÉDOUARD HOUSSAYE.

PARIS. — IMPRIMERIE DE J. CLAYE, RUE SAINT-BENOIT, 7.

s'agite-t-elle, elle n'a pu encore organiser une exposition. Elle a publié d'intéressants travaux sur le *Théâtre antique*, sur l'*Iconographie religieuse*, sur les *Inscriptions cunéiformes*, — combien de tableaux a-t-elle achetés? Pas un. La Société de Caen est une société savante, ce n'est pas une association d'artistes et d'amateurs. Elle peut, en restant ce qu'elle est, faire du bien, mais elle ne saurait conserver longtemps la physionomie originale qu'elle s'est donnée. Ou bien son organisation académique la conduira insensiblement à devenir une véritable académie, c'est-à-dire une réunion d'esprits cultivés s'exerçant à parler ou à écrire sur des questions d'art, d'archéologie et de littérature; ou bien elle modifiera ses statuts, et, laissant l'action prendre le pas sur le travail de cabinet, elle se rapprochera de l'organisation des Sociétés des amis des arts.

Ce n'est pas que nous blâmions ces nobles exercices de l'esprit; mais on ne saurait en faire le but principal d'une association d'amateurs et d'artistes. Il est bien évident d'ailleurs que, le principe du cercle une fois adopté, rien ne s'opposera à ce qu'il se forme accessoirement, parmi les membres les plus instruits, une réunion de ce genre. Les esprits à tendances littéraires sauront bien se grouper, transformer les conversations en *parlottes*, si l'on nous permet ce mot, et peut-être se donner rendez-vous à certains jours dans une salle du cercle, pour lire ou entendre lire une notice sur un artiste décédé, un rapport sur un nouveau procédé applicable aux beaux-arts, ou des remarques sur telle ou telle question d'esthétique peu familière au public. Que si ce comité quasi littéraire établissait comme une habitude la rédaction et la lecture d'un compte rendu des objets exposés, nous serions loin de nous en plaindre. Mais, encore une fois, ce n'est là qu'un accessoire agréable, une broderie de bon goût, ce n'est pas l'étoffe d'une Société des amis des arts.

Si donc, dans une ville qui ne possède pas encore de Société des amis des arts, des amateurs se réunissaient pour en fonder une, il suffirait de résumer, d'après tout ce que nous avons dit, les règles que l'expérience démontre comme les plus sûres et les plus utiles. Ces règles peuvent se formuler ainsi :

1° Trois sortes de membres : les membres titulaires, les membres souscripteurs, les membres correspondants; les premiers s'engageant pour trois ans à payer une cotisation de 50, ou tout au moins de 25 francs; les seconds, simples preneurs d'une action annuelle égale à la cotisation, ou d'un nombre quelconque de billets à 1 franc, qui concourent par série de 50 (ou de 25) au tirage des lots; les membres correspondants nommés par les membres titulaires sur la proposition de la commission, libres de toute espèce d'engagement ou de cotisation.

Les membres titulaires, seuls membres actifs, agissants et délibérants, chargés de nommer une commission qui se renouvelle chaque année par tiers sans possibilité de réélection, si ce n'est après un délai d'un an, la commission nommant à son tour le bureau, à l'exception du président, élu par l'assemblée générale des membres de la Société. — L'assemblée générale convoquée seulement une fois par an en séance ordinaire, pour la lecture du compte rendu administratif, et en séance extraordinaire pour la nomination d'un président nouveau ou pour modification aux statuts.

Le bureau, composé du président général de la Société, d'un vice-président, d'un secrétaire et d'un trésorier, choisit un agent salarié pour seconder le secrétaire dans ses fonctions.

2° Formation des membres titulaires en cercle ou salon, avec faculté d'y admettre les artistes simples souscripteurs, les membres correspondants en faisant partie de droit. Le local de ce cercle, dont la Société est locataire ou propriétaire, composé pour le moins d'un salon de conversation et d'exposition, d'une salle de lecture, d'une salle réservée à la commission administrative ou à telles réunions qui pourront s'organiser. Dans cette salle, conservation des archives; dans la salle de lecture, recueils d'art, dont la collection forme la bibliothèque avec les dons des ministères ou des particuliers; dans le salon, exposition permanente des tableaux ou objets d'art acquis par la Société, auxquels se joignent, pour former le musée, les gravures et estampes accordées par le gouvernement, les dons des particuliers et des artistes, les lots non retirés à la loterie annuelle, les lots refusés par les gagnants ou rachetés par la Société[1], et ceux que le cercle peut gagner, s'il se constitue en corps, au moyen d'une souscription spéciale, souscripteur d'une ou plusieurs actions collectives. Le local, les collections, la bibliothèque et le musée placés sous la surveillance de l'agent de la Société.

La prime, consistant en gravures ou lithographies d'après les tableaux du musée de la ville ou du musée de la Société, commune aux membres titulaires et aux membres correspondants.

3° Moyens d'action de la Société : l'exposition annuelle, l'exposition permanente, les concours.

---

1. Quelque étrange que puisse paraître cette assertion, il y a dans les Sociétés des amis des arts des souscripteurs qui donnent volontiers 10 ou 20 francs par an, et qui reçoivent de mauvaise grâce un tableau de 200 ou 300 francs que le sort met entre leurs mains. Il en est qui, plutôt que de loger chez eux cet hôte incommode, le laissent traîner chez des marchands dans l'attente d'un acquéreur à vil prix. La Société qui posséderait un musée pourrait être cet acquéreur.

www.ingramcontent.com/pod-product-compliance
Lightning Source LLC
Chambersburg PA
CBHW030049230526
45471CB00003B/1014